Arno Pagel

Mütter

Verlag der
Francke-Buchhandlung GmbH
Marburg an der Lahn

CIP-Kurztitelaufnahme der Deutschen Bibliothek

Pagel, Arno:
Mütter / Arno Pagel. – Marburg an d. Lahn: Francke, 1982.
(Edition C: C; 83)
ISBN 3-88224-276-0
NE: Edition C / C

3550 Marburg an der Lahn
Umschlaggestaltung: Litera
Gesamtherstellung:
St.-Johannis-Druckerei C. Schweickhardt,
7630 Lahr-Dinglingen
Printed in Germany . 19027/1982

Meiner Frau Elisabeth,
der Mutter unserer vier Kinder,
in Liebe und Dankbarkeit

Inhalt

Vorwort

In dem vorliegenden Band wird von sechs gläubigen Müttern berichtet. Sie hatten eine bedeutsame Stellung in ihrer Familie und einen gesegneten, prägenden Einfluß auf ihre Kinder. Was sie waren und wirkten, hatte seine Quelle in ihrem bewußten, entschiedenen Glauben an den in der Bibel bezeugten Gott, der in Jesus Christus sich den Menschen offenbart hat. Solche Mütter – was ist das für ein Reichtum in einem Hause, in einem Volk!

Die beiden ersten Beiträge sind *Wilhelmina Funcke* und *Hulda Humburg* gewidmet.

Sie stammen von zwei Söhnen dieser Frauen. Der bekannte Schriftsteller Otto Funcke hat in seiner Selbstbiographie »Die Fußspuren Gottes in meinem Lebenswege« so anschaulich und warmherzig von seiner Mutter erzählt, daß es eine Freude ist, das heute noch einmal zu lesen und abzudrucken. Paul Humburg, eine der eindrucksvollsten Gestalten der Bekennenden Kirche aus der Zeit des Dritten Reiches, hat – wesentlich kürzer – in einem heute nicht mehr existierenden Sonntagsblatt des Wuppertals über seine Mutter geschrieben. Daraus spricht tiefe Liebe und herzlicher Dank.

Und nun eine erste kurze Vorstellung der andern vier Frauen! Wer sind sie?

Rosalie Hahn –
die Mutter des baltischen Märtyrers Traugott Hahn;

Marie Hesse –
die Mutter des Dichters und Nobelpreisträgers Hermann Hesse;

Beate Paulus –
deren Vater Philipp Matthäus Hahn und Großvater Johann Friedrich Flattich Originale des schwäbischen Pietismus waren;

Friederike Hofacker –
die ihren Sohn Ludwig, den bekannten württembergischen Erweckungsprediger, in seiner langwierigen

Krankheitszeit mit unermüdlicher Liebe und Treue begleitet und gepflegt hat.

Den Stoff zu den ersten drei Lebensgeschichten habe ich aus folgenden Büchern geschöpft:

Pastor Traugott Hahn, Lebenserinnerungen, Chr. Belsen Verlag, Stuttgart

Adele Gundert, Marie Hesse – Ein Lebensbild in Briefen und Tagebüchern, D. Gundert Verlag, Stuttgart

Philipp Paulus, Beate Paulus – Was eine Mutter kann, Calwer Verlag, Stuttgart.

Der Stoff über Friedrike Hofacker stammt aus einem alten, lange vergriffenen Buch von Albert Knapp (1798–1864).

Arno Pagel

Wilhelmina Funcke

1809–1872

Wilhelmina Funcke, geb. Neumann, Minchen genannt, war die Tochter eines reformierten Pastors. Dieser amtierte zunächst in Mülheim an der Ruhr und dann viele Jahre in Wülfrath bei Düsseldorf. Wilhelmina war verheiratet mit dem Wülfrather Arzt Dr. Karl Wilhelm Arnold Funcke.

Der 1836 geborene Sohn Otto Funcke (gest. 1910) ist als Pfarrer und Schriftsteller sehr bekanntgeworden. Noch immer sind seine Bücher nicht ganz vergessen. Die weiteste Verbreitung haben die Lebenserinnerungen »Die Fußspuren Gottes in meinem Lebenswege« gefunden. Das sind zwei köstliche Bände, in denen sich sonniger Humor und tiefer Ernst bei einer einzigartig lebendigen Erzählweise verbinden.

Besonderen Anklang hat gefunden, was Otto Funcke über seine Mutter berichtet. Es ist für unser Buch der beste und interessanteste Auftakt, das Bild und Wesen dieser originellen Frau aus dem Bergischen Land von ihrem Sohn darstellen zu lassen.

Ein Glück, daß Vater die Mutter zur Seite hatte!

Alle, die meine Eltern kannten, behaupten immer, daß ich, was Gesicht, Gestalt und Haltung betrifft, ganz und gar der Sohn meines Vaters sei. Und das ist so wahr, daß ich oft erschrecke, wenn ich mich im Spiegel sehe; ich meine dann meinen Vater zu schauen. (Freilich, von seiner gewaltigen Kraft und unerschütterlichen Gesundheit habe ich nichts abbekommen.) Mein geistiges und geistliches Erbteil aber habe ich durchaus von der Mutter empfangen. Leider auch manche Schwächen ihres Wesens und noch allerlei andere dazu, die sie zum Glück nicht hatte.

Zunächst will ich sagen, daß sie das älteste von zwölf Kindern war, also der natürliche Adjutant ihrer Mutter. »Minchen hier und Minchen da« war später noch ein Sprichwort in der Familie. Ja, früh und spät mußte sie in dem großen Haushalt dienen und helfen. Das hat aber weder ihrer Gesundheit noch ihrem guten Humor Abbruch getan. Im Gegenteil, ihre Arbeitskraft war so wenig zu ertöten, wie ihre Heiterkeit. So war sie denn eine ausgezeichnete Hausfrau für einen Mann, der als junger Mediziner schwer verschuldet von der Universität kam und der, mit einer kleinen Variation, das Jakobswort sprechen konnte: »Ich hatte nichts als diesen Stab, da ich von Berlin über den Eselsbach bei Wülfrath kam« – (der Eselsbach ist nämlich Wülfraths Strom).

Aber nicht nur, daß meine Mutter eine wahre Künstlerin in Küche, Keller und Garten war, – nein, sie half meinem Vater auch mächtig in seiner Praxis. Mein Vater war als Arzt berühmt; aber es war ein Unglück, daß er nie krank gewesen war. So konnte er denn auch mit den leidenden Menschen nicht so zart empfinden, wie diese es wünschten. Da mußte denn Mutter aushelfen. Manchmal bin ich mit ihr zu Patienten des Vaters hingewandert, wenn er sie vor den Kopf gestoßen hatte. Sie wußte dann durch ihre holdselige Art die Leute so zu bezaubern, daß sie trotzdem dem Vater »treu« blieben. Besonders oft kam es vor, daß Vater seine Patienten dadurch vertrieb, daß er ihnen keine Arznei geben wollte. Das machte die Leute fuchswild. So gingen sie dann ärgerlich und betrübt fort. Sie mußten aber zum Glück durch die Küche, wo Mutter wirtschaftete. Diese goß dann Öl auf die brandenden Wogen und verabfolgte auch wohl den Leuten ein Gläschen mit Hoffmannstropfen oder dergleichen wundertätigen Dingen, damit sie doch etwas in Händen hatten.

Später, als Vater milder und diplomatischer wurde, gab er den Leuten irgendeine unschuldige Medizin. »Mundus vult decipi (die Welt will betrogen sein)« sagte er dann wohl. »Die dummen Völker wollen es ja nicht anders, als daß sie auch dem Apotheker noch Geld ins Haus tragen!«

In unserm Hause wurde natürlich sehr wenig Medizin gebraucht. Es war ein Lieblingswort meines Vaters: »Luft, Sonnenschein und Wasser, das sind die Medikamente, die unser Herrgott für alles, was kreucht und fleucht, gegeben hat. Und noch dazu umsonst. Aber die Menschen sind so tölpelhaft dumm, die wollen immer bezahlen.« – Ach, der liebe treue Mann, er hat ein Jahrhundert zu früh gelebt. Ein Glück, daß er meine Mutter zur Seite hatte!

Die stillgesetzte Uhr

Die Uhr spielte in dem Wirken und Walten meiner lieben Mutter eine große und fast unheilvolle Rolle. Meine Mutter und ich hatten uns so ineinander eingelebt, wie es wohl nur selten bei zwei

Menschen der Fall ist. Und so fühlten und empfanden wir alles in einer fast unheimlichen Weise gleich. Nur über einen Punkt dachten und fühlten wir sehr verschieden, nämlich über das Fortschreiten der Zeit, welches unsere Uhr anzeigte und verkündigte. Meine Mutter kam mit der Zeit immer zu kurz. Wohl hundertmal am Tage kam sie von der Küche, aus dem Keller oder vom Boden her in die »beste« Stube gestürzt und schaute nach der Uhr.

Auf dem Leibe trug sie keine Uhr, aus dem einfachen Grunde, weil sie keine mehr hatte. Ja, sie besaß einmal eine. Aber die hatte sie in begeisterter Stunde auf den Teller einer Missionsfestkollekte gelegt. Noch höre ich, wie mein Vater, der seiner Braut einst die kleine goldene Uhr geschenkt hatte, erregt fragte: »Minchen, wo hast du deine Uhr? Ich habe sie seit Tagen nicht gesehen.« Mutter beichtete nun, was wir wissen, aber mit leuchtendem Angesicht. »Was ist das für ein hanebüchener Unsinn!« stieß mein Vater heraus. Mutter erwiderte: »Wenn aber auch nur eine Hottentottenseele dadurch zum Frieden kommt?!« Vater fiel ein: »Bleibe mir vom Leibe mit deinen Hottentottenseelen! Die haben gar keine Seele, bis ihnen die Missionare eine anschwatzen. Ich aber weiß, daß du von jetzt an noch öfter die Zeit verpassen wirst als bisher schon.« Und in dem letzten Punkte hatte Vater ohne Zweifel recht.

Für mich, als ein Kind, das beide Eltern leidenschaftlich liebte, war die ganze Szene sehr peinlich. Vielleicht wäre es frommer von meiner Mutter gewesen, die Eigentümlichkeiten und Vorurteile meines Vaters zu schonen und die Uhr zu behalten. Aber das ist ein Problem für Eheleute. Gewiß ist nur, daß meine Mutter keine Taschenuhr mehr hatte.

Um so viel öfter steckte sie nun ihren lieben Kopf durch die Tür der besten Stube, sah die Uhr an und lamentierte: »Ach, du lieber Himmel, – nein, das geht nicht zu mit rechten Dingen! Schon 11 Uhr, und die Mina ist noch im Garten, und nicht einmal die Kartoffeln sind geschält.« So ging es fast Tag für Tag. Immer war die Uhr ihr zu schnell gelaufen. Und das war auch kein Wunder. Die gute Mutter hatte sich in ihrer Liebeslust und in ihrem Dienemut so viele Geschäfte aufgeladen, daß auch der fleißigste Mensch sie in der gewöhnlichen zur Verfügung stehenden Zeit unmöglich bewältigen konnte. Mutter hatte so viele einsame und betrübte Seelen zu trösten, für die Kleinkinderschule zu sorgen, Ströme Suppe zu kochen für die Patienten ihres Mannes, die halbe Verwandtschaft mit Dienstboten zu beglücken, entlassene Sträflinge an einen Meister zu bringen usw., usw.

Solche Arbeiten aber, die man damals noch nicht irgendeinem Verein oder Institut der »Inneren Mission« aufhalsen konnte, forderten natürlich viele Lauferei und eine kolossale Korrespondenz. Und diese kostete viel Zeit, auch wenn man so windschnell, in Bruchstücken, prophetisch andeutend schreibt, wie meine Mutter es tat.

So war ihr denn die rastlos und rücksichtslos eilende Uhr ein Dorn im Auge. Um so mehr, wenn meine Brüder, die Punkt 13 Uhr in der Schule sein mußten, jammerten und heulten: »Mutter, Mutter, es ist schon halb eins, und das Essen ist noch nicht auf dem Feuer. Und wenn wir zu spät kommen, kriegen wir Haue.« – Nun, dieser Gedanke, daß ihre unschuldigen Jungens Haue bekommen sollten, war natürlich dem Mutterherzen unerträglich. Und der andere, daß die Hungrigen ohne warmes Essen zur Schule gehen sollten, war nicht um ein Haar besser.

In dieser Notlage hat sie dann zuweilen etwas getan, was ich, der kranke Bub, der in der besten Stube weilte, mit meinen zwei Augen gesehen habe. Ich würde es nicht erzählen. Aber man hat mir nachgesagt, daß ich in meinen Büchern meine Mutter über alle Maßen idealisiert hätte. Und in diesem Punkte mögen meine gestrengen Herren Kritiker vielleicht nicht so ganz Unrecht haben. So will ich denn jetzt beweisen, daß ich auch für die Fehler der heißgeliebten Frau ein Auge hatte. Also, was tat sie in ihrer Not? Entschlossen, fast zornig schritt sie zur Uhr hin und – stellte sie still. Mit ihren eigenen Fingern hielt sie das Pendel fest. So, nun war es halb eins und blieb auch bis auf weiteres halb eins.

Ich fühle noch die Angst, die mich befiel, als ich das sah. Es erschien mir halb imposant und halb grauenvoll, daß meine Mutter sich so zum Herrn der Zeit machte. Daß sie eine bedeutende Frau sei, ahnte ich längst. Aber dies mit der Uhr schien mir doch fast wie ein Eingriff in das göttliche Weltregiment.

Warum aber tat sie, was sie tat? Nun, wer etwa um halb 2 Uhr über ihre Schultern geschaut und das Blatt, das unter ihrer Hand war, gelesen hätte, dem wären folgende Worte vor Augen gekommen: »Geehrter Herr Lehrer Meine Jungens sind unschuldig. Unsere Uhr steht still usw.« Sie stand auch wirklich still. Darin hatte Mutterchen recht, daß sie sie aber selbst still gesetzt hatte – nun, das brauchte der Lehrer nicht zu wissen. Wozu braucht der Mensch denn auch alles zu wissen?

Ja, was man nicht alles in der Not tut! Und nun gar die Liebe der Mutter in der Angst um ihre Jungens! Freilich, man wird mir sagen: »Deine Mutter hat da nach dem bösen Satz gehandelt: ›Der Zweck heiligt die Mittel.‹« Ich kann das nicht leugnen und will es auch nicht. Wer aber seine Seele ganz rein weiß von dem besagten Verhalten (das, nebenbei, so alt ist wie das Menschengeschlecht), der werfe den ersten Stein auf meine Mutter. Er wird ihr nicht mehr wehe tun. Sie war und sie bleibt, trotz der Uhr, eine »anima candida (lautere Seele).«

Ewigkeit – die eigentliche Wirklichkeit

Es sind bereits 26 Jahre, daß meine Mutter nach langen, furchtbaren Leiden in die Welt der Ewigkeit einging. Und wie sie ihre Trübsale mit wunderbarer heiliger Stille und Freudigkeit trug, so war auch ihr Sterben ein Beweis dafür, daß, wer an Jesus glaubt, nicht stirbt, obgleich er stirbt. Sie war leiblicherweise früh gealtert, wie es bei Menschen von so außerordentlicher Beweglichkeit des Geistes oft der Fall zu sein pflegt. Aber in meiner Jugendzeit war sie noch eine Frau von auffallender Schönheit. Ihr Haar war rabenschwarz, ihre tiefdunklen Augen blitzten und strahlten unaufhörlich, ihr Gebärdenspiel war so lebhaft wie ihre immer schaffende Seele.

»Gelernt« hatte sie nicht viel. Als das älteste der zwölf Kinder des Pastors Neumann mußte sie früh und viel der Mutter helfen. Die jetzt so gepriesenen »höheren Töchterschulen« waren noch nicht so allgemein im Flor, und Privatstunden hat man auch nicht an sie gewendet. Die alten Neumanns waren (nicht ganz mit Unrecht) der Meinung, daß ihr Minchen alles, was zur Welt gehört, mit in die Welt gebracht habe. Zwar herrschte in dem großelterlichen Hause ein behaglicher Wohlstand, aber man legte dazumal noch nicht so viel Gewicht auf die »wissenschaftliche Ausbildung« der Mädchen, während man jetzt großes Gewicht darauf legt, ohne daß in der Regel viel dabei herauskommt. Was ist die formale Bildung und die aufgelegte Schminke von allen möglichen Wissenschaften gegen die wahre Bildung des Herzens und gegen den gesunden Menschenverstand, der ohne viel Federlesens und Spintisierens die Dinge unmittelbar begreift und erfaßt?

Zwar machte die Mutter manchen Schnitzer. Fremdwörter brauchte sie ganz besonders gern, und sie hatte ein wahres Genie, sie immer falsch zu gebrauchen und falsch auszusprechen. Und wehe, wenn sie sich auf das Gebiet der Geschichte und Geographie wagte! So wenig wie es ihr in der Weltgeschichte auf tausend Jahre ankam, so wenig machten ihr in der Geographie ein- oder zweitausend Meilen etwas aus. Das war ja bedauerlich. Und es gab Zeiten, wo die jungen Herren Funcke nicht ohne Mitleid auf die Mutter heruntersahen. Indessen, wenn ihnen etwas am Herzen fraß oder auf dem Gewissen lastete, dann gab's doch im ganzen Universum keine Seele, zu der man so gerne flüchtete wie zu ihr.

Und das galt nicht nur von ihren Kindern. Nein, Menschen aller Stände, und nicht am wenigsten Leute von hoher Bildung, begehrten fort und fort ihren Rat, ihre Erfahrung, ihre Hilfe, ihren Trost. Für tausend verstürmte Schifflein war sie ein Rettungshafen in Person. Und immer und für jeden hatte sie Zeit. Sie hatte ein unmittelbares Wahrnehmungsvermögen und lebte sozusagen von Inspirationen. Das wäre sehr gefährlich gewesen, ist auch je und dann in der Tat gefährlich geworden. Aber da sie ganz und gar in und mit der Heiligen Schrift lebte, so fand ihr Subjektivismus hier einen Damm und eine stete Korrektur.

Der Verstand spielte bei ihr keine große Rolle. »Es ist mir so«, das war ihr höchstes Argument, mochte es sich nun um die Beurteilung einer Persönlichkeit oder um das Verständnis eines Bibelspruchs oder um irgendeine zu treffende Entscheidung handeln. »Es ist mir so!« – weitere Gründe hatte sie selten. Falls sie sich aber einmal aufs Disputieren und Beweisen einließ, so war sie rettungslos verloren. Ihr unmittelbarer Instinkt dagegen betrog sie fast nie. Glaubte sie in einer Sache des Willens Gottes gewiß zu sein, so gab es absolut keine Schwierigkeiten mehr für sie. Sie lächelte dann nur noch treuherzig und überlegen über den, der die Unmöglichkeit der betreffenden Sache beweisen wollte. »Sollte dem Herrn etwas unmöglich sein?« – das war für sie nicht ein dogmatischer Satz, sondern ein sprudelnder Quell himmlischer Freuden.

So erlebte sie denn auch die Nähe und Gegenwart Gottes, wo sie ging und stand. Und diese göttliche Gegenwart war der Brunnquell ihrer geradezu unverwüstlichen Heiterkeit, ihres Humors, aber auch ihrer Poesie. Weil sie alles im Licht der Ewigkeit schaute, so war jedes Leiden, jeder Schmerz, jede Beschwerde, jeder Verlust »nur ein Übergang«. Diesen Ausdruck: »Kinder, das ist nur ein Übergang!« brauchte sie, unangenehmen Dingen und Verhältnissen gegenüber, fast jeden Tag einmal. Alles Schöne und Erfreuliche aber erschien ihr in der himmlischen Beleuchtung doppelt begehrenswert und dankenswert. Was Philipp Spitta singt:

»Wenn am Schemel seiner Füße
und am Thron schon solcher Schein –
o, was muß an seinem Herzen
erst für Glanz und Wonne sein!«

– dieser Jubelton durchdrang all ihr Leben und Sinnen.

Jeder schöne Gesang erinnerte sie an die Hymnen und Psalmen, die wir seiner Zeit, vereint mit Cherubim und Seraphim, vor Gottes Thron singen werden. Das geheimnisvolle Rauschen des Waldes erinnerte sie an das Brausen der ewig grünen Palmen am kristallenen Strom. Jede schöne Blume war ihr eine Verheißung der entzückenden, unverwelklichen Himmelsflora. Aber auch jeder Pfannkuchen, der uns mundete, mußte uns auf das Hochzeitsmahl »im Vaterhause« hinweisen. Ja, jeder irdische Vorgang, und war es auch nur das beklagenswerte Zerbrechen eines Kochtopfes in der Küche oder das Verwelken einer Blume, die zu wenig Wasser bekommen hatte, der heisere Ton einer Eisenbahnglocke, die zersprungen war, das Zerknicken eines Baumzweigs, der der Früchte zu viel hatte, – überall vernahm sie eine Sprache und Rede von ewigen Gesetzen und innerlichen Dingen. Es mag dabei im einzelnen manches Alberne mit untergelaufen sein. Sie legte auch übertrieben viel Gewicht auf Ahnungen, Träume, ja auf Gesichte und überweltliche Stimmen, – aber trotzdem und alledem hatte sie in der Hauptsache recht.

Und weil so die Ewigkeit als die Realität aller Realitäten vor ihr stand, so blieb sie nicht nur »fröhlich in Hoffnung, geduldig in Trübsal«, sondern sie war auch fort und fort fähig, für irgendeinen Menschen, der ihrer bedurfte, sich zu verleugnen und ihre eigenen Wünsche und Freuden fallen zu lassen. Das wußten auch die, die ihren religiösen Standpunkt nicht teilten, ja belächelten, und sie machten, trotz ihres Lächelns, von dieser Wissenschaft auch ausgiebigen Gebrauch. Sie wußten auch, daß die Quelle ihrer Weisheit und die Kraft ihrer Liebe aus dem verborgenen Leben mit Gott strömte, und insofern war sie, trotz ihrer Schwächen, doch eine mächtige Evangelistin. Ich bin überzeugt, daß man im Himmel einmal viele Menschen finden wird, die gern bezeugen, daß sie durch Frau Doktor Funcke auf den rechten Weg gekommen sind.

Die Mutter war uns Kindern also in Person der lebendige und hochwichtige Beweis, daß das Leben und Weben in der Welt der Ewigkeit weder unempfänglich macht für die Freuden dieser Welt, noch ungeschickt zum Wirken und Dienen in den Kreisen der lebenden Menschen. Genau das Gegenteil zeigte uns all ihr

Tun und Lassen. Daß »das Wesen dieser Welt vergeht«, und daß man »dankbar sein kann allezeit und für alles«, auch für alle »vorübergehenden Weltfreuden«, – das lehrte sie uns nicht, das lebte sie uns vor in ihrer Person.

Großmutter Neumann erzählte einen Zug von ihrer neunjährigen Tochter Minchen, der sehr charakteristisch ist, und den ich deshalb der Nachwelt erhalten will. Sie hörte einmal, wie ein Herr im Lauf des Gespräches sagte: »Ach ja, alles ist eitel!« Das kleine Minchen eilte zu der Mutter und fragte: »Was heißt das: Alles ist eitel!?« Die Mutter erklärte: »Alles vergeht!« Minchen versank darauf in tiefes Nachdenken. Alsdann ging sie in die Küche und legte ihre kleinen Finger auf jedes Stück, das sich da befand, und sagte leise: »Kochherd, du vergehst! Ihr Pötte (Töpfe), ihr vergeht! Besen, du vergehst!« und so weiter durchs ganze Haus, bis sie bei den Dachpfannen ankam und sagte: »Ihr Dachpfannen, ihr vergeht!« Dann kam der Garten mit allen seinen Bäumen, endlich der Himmel mit Sonne, Mond und Sternen an die Reihe. Nun kehrte sie zurück und sagte: »Mutter, vergehen wir Menschen denn auch alle?« Antwort: »Freilich, nur Gott vergeht nicht. Wenn wir aber Gottes Kinder werden, dann vergehen wir auch nicht.« – »O Vater, o Mutter«, erwiderte nun das kleine Mädchen unter heißen, sehnsuchtsvollen Tränen, »so helft mir doch, daß ich ein Kind Gottes werde!«

Und diese Sehnsucht, ein Kind Gottes zu werden und immer besser und wahrhaftiger ein Kind Gottes zu werden, war die Grundsehnsucht ihres ganzen Lebens. Es war der bleibende Wunsch in dem Wechsel der Zeiten und der Wünsche.

Überzeugender Anschauungsunterricht

Daß eine so originelle Frau auch ihre besonderen Schwächen und Fehler hatte, brauche ich dem Menschenkenner nicht erst zu melden. Ausgeprägte Originale haben auch ausgeprägte Fehler. Ich fühle mich aber als Sohn weder verpflichtet noch berechtigt, davon ausführlich zu berichten. Wer das als Geschichtsfälschung brandmarken will, dem will ich nicht im Wege sein. Eins aber will ich doch sagen, daß die Mutter demütig genug war, sich, durch Kinder und Dienstboten sogar, auf etwaige Torheiten und Verirrungen aufmerksam machen zu lassen. Und sie ruhte dann nicht, bis sie sich wieder zum Herzen Gottes durchgerungen hatte. Den Menschen gegenüber war sie nachher dann doppelt sanft und mild. In Summa: Sie ließ sich strafen, und sie strafte sich selbst.

Mit einer so seltenen Mutter war nun gerade ich durch besondere Umstände besonders viel zusammen. Durch meine stetige Kränklichkeit war ich an das Haus und also an die Mutter gefesselt. Wie eine Schule von inwendig aussieht, habe ich schwerlich vor meinem zwölften Jahre gewußt. Mutter war also meine Erzieherin, ja, auch teilweise meine Lehrerin. Bei ihr lernte ich lesen, während ein junger Seminarist mir den nötigsten Unterricht im Rechnen und Schreiben gab. Aber das war nebenbei. Mutter hat ihren Geist in einer absonderlichen Weise in den meinen hineingebildet und hineingeprägt. Dies war um so leichter, da ich nach meines Vaters Zeugnis ganz und gar »meiner Mutter Kind« war. Sie legte auch ein großes Gewicht darauf, daß ich gerade an ihrem Geburtstage getauft worden sei. Obgleich dies weniger in dem »wunderbaren Walten der Vorsehung« als in Mutters eigenem Walten seine Ursache hatte, so blieb sie doch unentwegt bei der Ansicht, daß dadurch eine geheimnisvolle und unlösliche Verschmelzung unserer Seelen zustande gekommen sei.

Nun, ob durch die Taufe an ihrem Geburtstage oder ohne dieselbe – tatsächlich war es jedenfalls so. Und ich werde Gott in Ewigkeit dafür preisen. Es ist ein unschätzbares Glück, wenn man an der Seite eines Menschen wandeln darf, der ein wirkliches Leben mit Gott führt und durch solch ein gottinniges Leben glücklich, friedereich und tugendreich ist. Der fortwährende Anblick eines solchen Menschen, der sich beugt vor einer unsichtbaren Macht und der in Sonnentagen und Sturmestagen aus unsichtbaren Quellen schöpft – dieser Anblick schafft zunächst ein großes Verwundern, ein unbewußtes Staunen in einer Menschenseele, zumal in einer Kindesseele. Er schafft aber auch allmählich und unmerklich eine tiefe Überzeugung von der Realität einer unsichtbaren und ewigen Welt.

Keine Theologie, keine Orthodoxie, keine Apologetik, keine menschliche Beredsamkeit kann diese Überzeugung schaffen. Lies sechs Bände, welche Blatt für Blatt in schlagendster Weise dartun, daß »die alte Welt« durch das Evangelium total umgewandelt ist; lies sechs andere Folianten, welche dir keinen Zweifel lassen, daß alles, was die Evangelisten von Jesus berichten, unumstößliche, streng-geschichtliche Wahrheit sei; – alle diese zwölf trefflichen Bände mit all ihrer trefflichen Weisheit werden dennoch für dein Glaubensleben nicht die Bedeutung und Macht haben wie der Lichtwandel eines echten Gotteskindes, das du in allen möglichen Lagen des Lebens durch Jahre und Tage hindurch beobachten kannst. Es ist nämlich unmöglich, daß das, wovon ein Mensch fort und fort lebt, das, was ihn fähig macht, in allerlei

Anfechtung und Trübsal ergeben, geduldig und freudig zu sein, das, was ihn stark macht, einen guten Kampf zu kämpfen und sich zu demütigen, wenn er schlecht oder wenn er gar nicht gekämpft hat – es ist, sage ich, unmöglich, daß hinter einem solchen Leben nicht gewaltige Realitäten und göttliche Urkräfte stehen, die stärker sind als dieses Leben.

Natürlich drückt ein Kind das nicht so aus, es macht sich das auch nicht klar. Aber dennoch begreift es das, unmittelbar und instinktiv. O, das Leben, das Vater und Mutter vor den Augen ihrer Kinder führen, ihr Lieben und Leiden, die Selbstverleugnung, die sie beweisen, oder aber auch die Lüste, denen sie dienen, die Leidenschaften, denen sie frönen, die Bekämpfung der Sünden und Schwächen, oder aber der feine oder grobe Dienst der sinnlichen Lüste – das alles ist ein Anschauungsunterricht, der auf die Seele des Kindes bestimmend wirkt. Ob Eltern und Kinder das wollen und beabsichtigen oder nicht wollen und nicht beabsichtigen, hat damit gar nichts zu schaffen. Die Folgen dieses Anschauungsunterrichts aber sind – im guten und im schlechten Sinn – geradezu unabsehbar.

In meinen Studentenjahren hat's Zeiten gegeben, wo ich in größter Gefahr war, am Glauben Schiffbruch zu leiden. Nicht nur am christlichen Glauben – nein, der Glaube an das Dasein Gottes, der Glaube an den Gott, der Gebete erhört, wurde mir erschüttert. Aber meinen Zweifeln war von vornherein ein Maulkorb umgehängt. Ich mußte mir nämlich sagen: »Ist dein Zweifel berechtigt, dann war deine Mutter die größte Närrin, die jemals auf zwei Füßen ging.« Gegen diesen Gedanken aber empörte sich sofort nicht nur jeder Blutstropfen, der in meinen Adern rollte – nein, auch meine Vernunft empörte sich dagegen. Die Mutter, die durch ihren kindlichen Glauben so reich, so glücklich und beglükkend war, sie hat mich, wer weiß wie oft, wieder zurechtgebracht, wenn ihr lichtes, wonniges Bild hinter meinem Arbeitstisch auftauchte. Ich fing dann bald an, meinen Zweifel zu bezweifeln; ich entschloß mich bald und sagte: Lieber will ich so wie meine Mutter irren, als recht haben mit denen, die nichts glauben und nichts hoffen. – Das war ja freilich ein sehr »unkritisches Verfahren«, und ich sehe im Geist ehrwürdige Gelehrte, die darüber lächeln, und unehrwürdige, die darüber hohnlachen. Aber so oder so – ich bin gut dabei gefahren.

Nachdem ich so das Gesamtbild meiner Mutter gezeichnet habe, will ich nun im einzelnen zeigen, wie sie meine kleine Seele gepflegt hat.

Auf dem Schemelchen zu Mutters Füßen

Wenn des Morgens um acht Uhr meine Brüder zur Schule abgetrollt waren, wenn die Dienstmädchen ihr Arbeitsprogramm empfangen hatten, wenn der Vater in die »Praxis« gegangen oder geritten war, dann kamen die herrlichen Stunden, wo ich mit der Mutter mehr oder weniger allein sein durfte. Ich fühle noch die Ungeduld, die mich bewegte, bis es glücklich soweit war; ich fühle noch den Ärger, ja, den höchst unchristlichen Zorn, der mich erfaßte, wenn etwa eine geschwätzige Nachbarin kam und wegen einer rebellischen Magd oder wegen des schlechten Fleisches, das der Metzger gebracht hatte, durch lange Rede ihr Herz erleichterte. Aber endlich ging ihr dann doch auch der Atem aus. Dann hockte ich mich nieder auf ein Fußschemelchen zu der Mutter Füßen und schaute erwartungsvoll in die schönen dunklen Augen. Ich mußte ihr dann Garn halten, oder ich mußte Erbsen auspalen oder Pellkartoffeln abziehen und dergleichen. Getan mußte jedenfalls immer etwas werden, wenn ich nicht gradezu schwerkrank war.

Aber dazu kam nun das Ewige. Gewöhnlich fing sie damit an, daß sie betete; denn die Morgenandacht tât ihr nicht genug. Und dies ihr Beten war mir durchaus nicht langweilig, wie man denken könnte. Nein, es war ein so kindliches, natürliches Reden mit Gott, daß mir das Herz darüber aufging. Es war nichts so klein und nichts so groß, nichts so zeitlich und nichts so ewig, das nicht in zwanglosester Weise mit dem himmlischen Vater besprochen worden wäre. Daß der kranke Bube, der vor ihr saß, dabei nicht vergessen, daß für den Vater gebetet wurde, dessen Pferd heute so unruhig und wild gewesen war, versteht sich von selbst. – Aber sie blieb nicht, wie so viele Beter, in der Familie hängen. Die Hottentotten, Kaffern und Hereros in Südafrika bekamen so gut ihr Teil wie der kranke Nachbar und der Jude Moses Levy, der angefangen hatte, nach Jesus zu fragen. Desgleichen wurden die neugepflanzten Erbsen im Garten und das Kanarienvögelchen, das seit gestern nicht mehr fressen wollte, dem Schutze Gottes empfohlen. Aber »Dein Name werde geheiligt, dein Reich komme, dein Wille geschehe auf Erden wie im Himmel« – das war doch A und O der Sache und das Zentrum obendrein.

Nach dem Gebet wurde gewöhnlich ein geistliches Lied vorgenommen. Die Mutter besaß davon einen unerschöpflichen Vorrat. Vor allen Dingen war der fromme Tersteegen ihr Mann, und seine Pilgerlieder wurden frühe mein Eigentum. Sie sind es auch bis heute geblieben; denn was man in der Morgenstunde des Lebens erlernt hat, geht nicht leicht wieder verloren.

Ich will aber, der Ehrlichkeit wegen, nicht verschweigen, daß es zuweilen zwischen der Mutter und dem Söhnchen auch kleine Kollisionen gab. So lehrte sie mich das Lied von Friedrich Adolph Lampe, das so beginnt: »Vater aller Gnade, ich ein Wurm und Made, lieg' vor deinem Thron.« Ich fragte, was eine Made sei, und wurde angesichts eines Limburger Käses, der in einen kritischen Zustand gekommen war, darüber unterrichtet. Nun entsetzte ich mich und fand diesen Ausdruck sehr abgeschmackt; so schlecht, sagte ich, sei doch der Mensch nicht, daß man ihn mit einer Made vergleichen könne. Mutter duckte mich nun wohl und meinte, ich würde noch frühe genug erfahren, daß im Menschenherzen viel schlimmere Tiere herumkrabbelten als in einem faulenden Käse. Indessen, bei allem Respekt vor meiner seligen Mutter und vor dem frommen Friedrich Adolph Lampe finde ich doch auch heute den Ausdruck weder zutreffend noch geschmackvoll.

Doch zurück auf das Schemelchen zu Mutters Füßen! Die Höhe der Freude war immer, wenn die biblische Geschichte an die Reihe kam. Und sie kam jeden Tag. Ei, wie wußte die Mutter zu erzählen! Wie liebewarm hatte sie sich in die Herzen der Patriarchen, Propheten und Apostel hineingelebt. Es war mir, als müßte sie selbst dabei gewesen sein, und schließlich brachte sie ihr phantasiereiches Söhnchen so weit, daß auch er dabei war und alles miterlebte. Prächtig schilderte sie die Situation. Freilich, wie ich später merkte, stimmten die geschilderten Verhältnisse keineswegs mit der Wirklichkeit. Mutter hatte ja »wenig gelernt« und hatte also auch von den orientalischen Örtlichkeiten und Zuständen keine Ahnung. Sie übersetzte das Semitische einfach ins Deutsche, ja, ins Wülfrathische. Und das war gerade recht.

Auch viele herrliche Bibelsprüche wurden mir eingeprägt. Aber mit unbewußter feiner Pädagogik wurden dieselben immer an biblische Historien oder an Geschichten aus dem Leben angeknüpft. Sie, die Sprüche, wuchsen sozusagen aus den Geschichten heraus. So kann ich heute noch den Spruch: »Denen, die Gott lieben, müssen alle Dinge zum Besten dienen«, nicht hören, ohne daß mir alsobald die ganze ergreifende Geschichte des Patriarchen Joseph vor Augen tritt. Josephs Brüder aber, die sich und ihren Vater durch ihre Missetaten so unglücklich machten, lehrten uns, daß »die Sünde der Leute Verderben« ist, und »was für Jammer und Herzeleid es bringt, den Herrn, seinen Gott, verlassen«. Bei Hagars Jammer über ihren in der Wüste hinsterbenden Sohn lernte ich mit Freuden den Spruch: »Kann auch ein Weib ihres Kindleins vergessen?« usw. So wuchs dann Geschichte und Lehre unlöslich zusammen. Wieviel könnte hier mancher lederne Pädagoge, ach, auch mancher Religionslehrer lernen!

Daß Mutter überall ihre Anwendungen aufs praktische Leben machte, kann man sich leicht denken. Und wenn sie es nicht von selbst tat, zwang ich sie dazu. So hatte sie mir die Geschichte »von dem unfruchtbaren Feigenbaum«, den der Heiland verdorren ließ, erzählt. Bekanntlich sagte der Herr den Jüngern, die aufs höchste erstaunt waren, daß seine Macht sich auch auf solche vernunftlose Gewächse erstreckte, daß auch sie, kraft eines nicht zweifelnden Glaubens, Berge ins Meer versetzen könnten. Das war mir denn doch etwas stark. Ich fragte die Mutter, ob solches denn jemals geschehen sei. Sie antwortete mit Recht, man müsse es bildlich verstehen. Ich forschte weiter und bat um ein Beispiel. Und sie gab folgendes:

»Nicht wahr, du hast gestern abend darüber geweint, daß deine Brüder Buchweizenkuchen mit gebratenem Speck bekamen und daß du dich mit deiner leidigen Hafergrütze behelfen mußtest?« Jetzt brach ich in Erinnerung an dieses verlorene Stück Paradies in wehmutsvolle Tränen aus. »Ja, liebes Kind«, sagte meine Mutter, indem sie mich streichelte und herzte, »das ist wirklich auch schwer, daß du jetzt so vieles entbehren mußt, was andere genießen dürfen. Aber das wird noch oft so kommen. Du weißt ja doch auch, daß der Pfannkuchen für dich nichts taugt und daß du viel mehr Elend dadurch hast, daß du ihn verspeisest als dadurch, daß du ihn nur ansehen, nicht aber essen darfst.« Ich mußte zustimmen; denn auf diesem Gebiet hatte ich wirklich schon Erfahrungen gesammelt. Sie fuhr fort: »Nun denke dir einmal, die Pfannkuchenlust, das sei der Berg, von dem der Heiland hier redet. Nun bete so lange gegen diesen Berg, bis er weg ist, bis du ohne Neid, Tränen und Traurigkeit zusehen kannst, daß deine Brüder das essen. Und wenn du so weit bist – siehe, dann ist der Berg ins Meer gefallen. Und nun komm, laß uns nur gleich beten!« Und wir beteten miteinander; nachher ich allein, und oft, immer wieder. Endlich siegte ich wirklich. – Gegenüber dem Buchweizenpfannkuchen mit Speck gewann ich zum erstenmal die gewisse Überzeugung, daß Gott im Himmel mich, gerade mich, erhört habe.

Der Sieg erstreckte sich aber nicht nur auf den Pfannkuchen. Auch auf andern Gebieten konnte ich mich von da an besser verleugnen, wenngleich die alte Lüsternheit sich oft wieder geltend machte. Ach, ich muß es bekennen, von Haus aus war es gerade mir entsetzlich schwer, meine Lüste, Neigungen und Begierden zu opfern.

Auf eins muß ich noch zurückkommen. Es wurde meiner Mutter nämlich sehr schwer, die Sünden der heiligen Männer und Frauen, von denen uns die Schrift erzählt, wirklich als Sünden gelten zu lassen. Diese ihre Eigentümlichkeit wurzelte ohne Zweifel in der streng reformierten Schule, die sie genossen hatte. So bediente sie sich denn der kühnsten Auslegungen, um die unbefleckte Tugend jener »Heiligen« zu erhalten. Die Patriarchenfrau Rebekka zum Beispiel mußte nicht nur (was ihr jeder Unparteiische gern bewilligen wird) eine ausgezeichnete Köchin sein, da sie einen Hammelbraten in einen Rehbraten verwandeln und selbst einen solchen Sachverständigen wie den Isaak täuschen konnte. Nein, auch dies, daß sie den eigenen Ehemann so überlistete, indem sie den Jakob die Rolle des Esau spielen ließ, selbst dies wurde damit entschuldigt, daß der alte blinde Mann wohl schon ein wenig kindisch gewesen sei. Kindische Leute aber dürfte man nicht für voll taxieren; im Himmel würde sich Isaak ohne Zweifel dafür bedankt haben, daß Rebekka ihm, wider seinen Willen, zum gottgewollten Handeln verholfen habe.

Davids Tanzen vor der Bundeslade schien mir nicht mit der Würde eines so heiligen Mannes vereinbar. Zwar hatte ich selbst keine Ahnung davon, was eigentlich Tanzen sei. Aber die Strenge der niederbergischen Frommen, und auch der meisten Kanzelredner, warf alles Tanzen unbesehen in einen Topf mit den schrecklichsten Lastern und Leidenschaften. Und nun tanzte David am hellen, lichten Tage auf offener Straße und vor allem Volk! Das machte mir schwere Bedenken, die ich natürlich auch nicht verfehlte, auszukramen. Mutter erklärte nun die unleugbare Tatsache vorsichtigerweise so, daß David allein und nicht mit einer Weibsperson getanzt habe. Unschädlich sei es, wenn Männer für sich und Frauen für sich tanzten; gerade das komme aber heutzutage nicht mehr vor.

Wenn aber – wie man wohl sagt – alle Stricke rissen, so wagte die Mutter den Salto mortale und sagte, das und das müsse ein Fehler in Luthers Übersetzung sein. Hierbei kam ihr zu Hilfe, daß der gelehrte Pastor M. ihr einmal gesagt hatte, Luther sei im Hebräischen nicht ganz kapitelfest gewesen. Obgleich ja nun das Letztere unbestreitbar wahr ist, so ist es doch nicht wahr in betreff der Stellen, die hier in Betracht kommen. Als zehnjähriger Bube beruhigte ich mich freilich bei Mutters Argument. Später, als ich selbst Hebräisch gelernt hatte, entdeckte ich den Irrtum und erlaubte mir, mich wenigstens in diesem Punkt von Mutters Theologie zu befreien.

Sehr lebhaft erinnere ich mich noch eines Tages, als sie mir die Geschichte des verlorenen Sohnes in ergreifender Weise erzählte. Sie bedauerte den armen Jüngling darüber, daß er offenbar schon frühe seine Mutter verloren habe, sonst wäre er sicherlich nicht so weit heruntergekommen. Alsdann, indem sie den pharisäischen Hochmut des älteren Bruders besprach, schaute sie mich durchdringend an und suchte mir klar zu machen, daß ich, der ich durch meine Kränklichkeit gezwungen sei, immer hübsch zu Hause zu bleiben, in der Gefahr stehe, dem selbstgerechten Sohne ähnlich zu werden. Ich müsse daher gegen Hochmut und Dünkel fleißig beten.

Nun, es sah freilich nicht danach aus, daß ich jemals solche wilden, freien Fahrten in die Welt machen könnte, wie der Sohn des jüdischen Rittergutsbesitzers sie sich erlaubte. Dennoch fühlte ich auch damals sehr gut, daß in mir auch das Material zu dem jüngeren Bruder bereitliege, wenn auch vorläufig dem Wollen das Vollbringen fehlte. Wie ich ihr alles sagte, so sagte ich ihr auch das in meiner Weise. Meine Seele lag, mit allen ihren Freuden und Leiden, mit aller ihrer Sehnsucht, Furcht und Hoffnung, mit allen ihren lichten und dunklen Stellen aufgedeckt vor Mutters Augen wie ein aufgeschlagenes großgedrucktes Buch.

Der Wandel vor Gott und mit Gott

Ich halte das für einen unendlichen Segen, wenn man von früh auf (aber auch bis ins höchste Alter hinein) einen erfahrenen Menschen hat, dem man rückhaltslos sein ganzes Herz enthüllt. Dadurch gewinnt man erstlich einen Seelsorger, der einen wirklich bedienen kann, wie es not tut. Ich glaube aber, es wird einem dann auch leichter, vor Gottes Angesicht wahr zu werden, wenn man einen Menschen hat, vor dem man keine Geheimnisse und keine Hinterpförtchen kennt.

Ich muß übrigens, der Vollständigkeit wegen, eingestehen, daß es auf die Dauer zwischen Mutter und mir nicht immer so geblieben ist, wie ich es soeben beschrieben habe. Als ich älter wurde, als die Dinge und Zustände, deren ich mich zu schämen hatte, sich mehrten, schwand auch zeitweise jene vollkommene Offenheit, wobei ich mir – mit einem Bruchteil von Wahrheit – vorlog, daß auch das beste Weib nicht in der Lage sei, die Hoffnungen, Wünsche und Anfechtungen eines Jünglings richtig zu verstehen. Immerhin blieb auch auf die Dauer der Segen, daß es mir immer viel leichter wurde, als den meisten andern Leuten, meine Sünden auch vor Menschen zu bekennen.

Es liegt eigentlich schon in dem Gesagten, daß meine Mutter vor allen Dingen darauf aus war, mich in den Wandel vor Gott und mit Gott hineinzuleiten. Lange, lange ehe der Däne Kierkegaard seine davon handelnden berühmten Aufsätze schrieb, wies mich meine Mutter schon immer hin auf den einen Zuschauer und auf den einen Zuhörer, der niemals fehle und immer da sei. Und mit einem so feinen Gefühl, wie es nur eine fromme Mutter für ihr Kind hat, spürte sie sogleich meinem Wesen an, wenn ich irgendwie abgeirrt war. Noch höre ich den mitleidigen, freundlichen Ton ihrer Stimme, wie sie – ihre Hand unter mein Kinn legend – sagte: »Wo ist mein Kind? Wo ist mein Kind?« oder: »Was betrübst du dich, du kleine Seele, und bist so unruhig in dir?« Sah sie mich düster und umwölkt – und sie sah es, auch wenn sie es nicht sehen sollte –, so warf sie erst eine derartige Frage als Fühler hin. Und nachher gab's dann, Auge in Auge, eine Unterhaltung. »So, mein kleiner Sohn, nun guck mich einmal lustig an!« . . . »Sieh, sieh, das kannst du nicht! Hab' ich's nicht gedacht? Da muß wohl ein Splitterchen im Auge stecken. Ist's nicht so? Komm, ich will dein Doktor sein.«

In der Regel stotterte ich dann heraus: »Ich habe gelogen,« oder: »Ich habe genascht,« oder: »Ich bin böse auf Karl.« Die Tränen der Reue kamen dann fast gleichzeitig mit dem Bekenntnis. Die Mutter dachte nun nicht daran, mir eine Strafpredigt zu halten, sondern zeigte mir nur in tiefstem Mitleiden, wie unglücklich die Sünde uns mache, wie sie uns ruiniere in unserm innersten Wesen, uns verfinstere, uns stumm, starr, unbrauchbar mache, Friede, Freude, Geduld, Sanftmut und alle Tugend in uns zerstöre. Sie wies mich hin auf die zarte Arbeit des Geistes Gottes, wie er mich vor der Sünde gewarnt habe; auf die sanften Schwingungen der Magnetnadel des Herzens, auf die Unruhe des Gewissens, auf die innere Verdunkelung. Kurz, daß der Mensch »verloren« ist durch die Sünde, weil er sein eigentliches Lebenselement durch die Sünde verliert – das lernte ich frühe verstehen.

Indes lagen – wie ich schon angedeutet habe – meine hauptsächlichsten Anfechtungen in den immer neuen Enttäuschungen, Entbehrungen und Verleugnungen, die meine Kindheit charakterisierten. Und die Menschen waren manchmal unzart genug, in meiner Gegenwart von meiner Armseligkeit zu reden und zu weissagen, daß ich eines frühen Todes sterben müsse. So drängte sich einmal ein Bauer in das Hinterzimmer, wo meine Mutter mich, den etwa Zehnjährigen, badete. »Ach, du liewer Jott, Frau Dokter, wat es dat för en erbärmlich Kenkt! Dat süht jo uut wie 'nen affgetrockenen Has'. Do wert sin Lewen nix vann!« (Ach, du lieber Gott, Frau Doktor, was ist das für ein erbärmliches Kind! Das sieht ja aus wie ein abgezogener Hase. Davon wird im ganzen Leben nichts.) So sagte der Ehrenmann halb mitleidig, halb verächtlich. Mein Mütterchen aber richtete sich hoch auf und antwortete: »Lieber Herr X.! Ochsen und Hammel schätzt man nach dem Gewicht, nach Fleisch und Knochen, bei Menschen aber kommt es auf Kopf und Herz an; und die sind bei meinem Jungen ganz in Ordnung. Und es könnte leicht passieren, daß er Euch und alle Eure Kinder noch lange überleben wird, denn ich will Euch sagen: Er wird noch ein Prediger des Evangeliums werden.«

Beiderlei Weissagungen haben sich erfüllt. Daß ich noch einmal ein Prediger des Evangeliums würde, verriet Mutter bei dieser Gelegenheit zum erstenmal. Später hat sie mir in vertrauter Stunde enthüllt, daß sie das durch göttlichen Geisteszuspruch erfahren habe, als sie mich noch unter dem Herzen trug. Damals aber, als die aufgeregte Mutter gegenüber dem Bauern ihr geheimes Wissen offenbarte, glaubte ich, der ich das eigentlich nicht hören sollte, es noch weniger als der verdutzte Bauer, an den die Strafrede gerichtet war. – Trotz Mutters guter Zuversicht war ich zuweilen doch sehr verzagt. Mehr als einmal bat ein junger Wülfrather Mitbürger in zartfühlender Weise: »Nicht wahr, Otto, wenn du nächstens stirbst, dann bekomme ich das und das (die Armbrust, das Bilderbuch usw.)?«

Aber wenn's auch mit dem Sterben, trotz lachender Erben, nicht vorwärts wollte, so mußte ich doch täglich, wer weiß wie oft, meinen Lieblingswünschen und Neigungen Valet geben. Darüber kam mich dann wohl eine heftige Ungeduld, tiefe Traurigkeit und Verzagtheit an. Auch fehlte es nicht an bitterm Neid gegen Brüder und Gespielen und an einem stillen Hadern mit Gott. Die Mutter fühlte tief mit mir und litt mit mir. Aber gerade deswegen konnte sie mich auch ausschelten: »Glaubst du nicht, Otto, wenn wir nächstens im Himmel sind, daß wir uns dann über das am meisten freuen, was uns hier so wehe tut?« – »Nächstens im Himmel« – das kam alle Augenblicke bei ihr vor, und es klang gerade so einfältig, wie wir sagen: »Wenn nächstens Frühling ist.« Es war überhaupt ihre Art, alle Erdendinge und Verhältnisse im Licht des letzten Zieles zu betrachten. Mein Hoffnungssinn aber und meine außerordentliche Phantasie, welche die Himmelsherrlichkeit und die wonnesame Freudenernte aus der Tränensaat leicht erfaßten, flogen gewöhnlich schnell mit der Mutter überwärts. Mutters

Lieblingssprichwort: »Wer zuletzt lacht, lacht am besten« – machte mich schließlich auch oft lachen, noch mitten unter Tränen.

Tausend kleine Freuden

Aber so schnell, wie ich in den Himmel hinauf kam, so schnell kam ich auch wieder herunter. So lange man auf Erden ist, will man auch irdische Freuden haben. Gilt das sogar von großen Leuten, so gilt's erst recht von Kindern. Das wußte meine gute Mutter sehr gut; denn ihre Frömmigkeit hatte ganz und gar keinen nonnenhaften Beigeschmack. Als unseres Herrgotts holdselige Handlangerin suchte sie mir denn auch auf alle Art mein Gottvertrauen zu erleichtern. Mit einer nie versiegenden Erfindungskraft ersann sie tausend kleine Freuden für mich, was übrigens auch der Vater auf seine Art tat. Vor allen Dingen wußte sie mich immer zu beschäftigen und dann meine kleinen Leistungen so zu loben und zu belohnen, daß ich immer das Bewußtsein behielt, durchaus nicht vergeblich in dieser Welt zu sein.

In jener Zeit zeichnete und malte ich sehr viel. Ein großer ovaler Tisch, der aus einer einzigen herrlichen, glattpolierten Schieferplatte bestand und der in Vaters Studierstube aufgestellt war, diente dabei dem jungen Künstler als Exerzierplatz. Auch machte ich aus Papier und Pappdeckel allerlei kleine Kunstwerke, wie Lampenschirme, Briefmappen und dergleichen, zurecht. Diese Herrlichkeiten wurden dann bei den Geburtstagen der Onkel und Tanten »an den Mann gebracht«. Wissentlich oder unwissentlich warf ich dabei »mit einer Wurst nach einer Seite Speck«, welche (ich meine die Speckseite) denn auch herunterzufallen in der Regel nicht verfehlte. Nun, das machen ja die feingebildeten jungen Damen mit ihren Stickereien und Malereien eben also.

Eine große Freude war es mir immer, wenn ich ein halbes Stündchen bei dem Pferde im Stall zubringen, ihm ein wenig Brot, Zucker oder andere Leckerbissen bringen durfte. Wir beide, das Pferd und ich, liebkosten uns einander so, daß manche Brautleute davon hätten lernen können. Ich meinerseits hielt auch lange Reden an den Gaul, und wenn er auch, trotz des Bileams Esel, nicht gerade mit Worten antwortete, so bezeugte doch sein Kopfnicken und der Ausdruck seiner Augen, daß es an dem vollkommensten Verständnis und der tiefsten Sympathie nicht fehlte.

Aber auch sonst war Mutter darüber aus, mich in steter Verbindung mit lebendigen Wesen zu halten. Die Pflege der Zimmerblumen war mir ganz übertragen, und sie gediehen unter meinen vorsichtigen Händen wunderbar. »Der liebe Gott will dir damit zeigen, daß er mit dir ist und dich nicht vergessen hat«, pflegte die Mutter wohl zu sagen. Auch die Schwarzdrossel und der Kanarienvogel waren meiner Obhut anbefohlen. Gerade dies, Kindern – ich meine nicht nur kranken, sondern allen Kindern – einen kleinen, streng abgegrenzten Beruf anzuweisen, worin sie Hingebung und Treue offenbaren können, halte ich für ein hauptsächliches Stück der wahren Erziehungsweisheit. Blumen und Tiere sind aber die geeignetsten Objekte dieses Berufes; denn hier sieht man, daß etwas wächst und wird. Der Anblick der Lebensentwicklung schafft Lebensgedanken.

Und damit soll's genug sein. Nur noch eine Bemerkung sei mir zum Schluß gestattet. Nicht nur den tiefsinnigen, sondern auch den flachsinnigen Lesern dieser Blätter, die mich persönlich oder aus meinen Schriften kennen, wird es jetzt klar sein, daß ich, wenigstens in meinen Schwächen, ganz und gar meiner Mutter Kind bin. Diejenigen trefflichen Männer besonders, die über meinen maßlosen »Subjektivismus« so bitter klagen, höre ich jetzt in mitleidsvollem Tone sagen: »Der arme Mensch ist einigermaßen zu entschuldigen; er hat's von seiner Mutter.« Nun, ich will nichts dagegen bemerken. Freilich hätte ich mich ja bessern können; denn ich blieb wider alles Vermuten doch am Leben. Ich kam aufs Gymnasium, auf drei Universitäten, hatte Dutzende von erleuchteten Professoren zu meinen Lehrern, hatte vortreffliche und überlegene Freunde, las viele, viele Bücher.

Das waren alles Bildungs- und Besserungsmittel, die meiner seligen Mutter nicht geboten waren. Aber ich bedauere, sagen zu müssen, daß sie alle miteinander nicht ganz viel geholfen haben. Art läßt eben nicht von Art. In den Fundamenten ist schwer bessern, wenn man nicht das ganze Haus dabei riskieren will. Sie sind, wie sie sind, und müssen bleiben, wie sie sind. Meine Theologie und meine Weltanschauung sind weniger auf Universitäten als in der Kinderstube gebildet, obgleich ich ein sehr fleißiger Student war. Und das eine darf ich sagen: Gott weiß, daß ich ihn suchte als Kind, daß ich ihn suchte als Student, daß ich ihn suchte als Mann. Darum hat er sich auch finden lassen. Den Hunger nach ihm selbst aber hat er mir in mein Herz geschaffen, und meine Mutter hat ihn treu und weise gepflegt. Das will ich ihr in Ewigkeit danken.

Der Trost ging nie aus

Als ich ein Büblein von 7–11 Jahren war, beneideten mich meine Brüder und Kameraden immer, weil ich, meiner Kränklichkeit wegen, nicht zur Schule zu gehen brauchte. Ich meinerseits beneidete sie, daß sie hingehen konnten. Ach, so beneiden sich die närrischen Menschenkinder gegenseitig und wissen doch nicht, was sie tun. Der Reiche beneidet den Armen, weil ihm sein Schwarzbrot so gut schmeckt und ebenso gut bekommt; der Arme beneidet den Reichen, weil er so viel Braten und Pasteten essen kann, wie ihm beliebt. Und so geht's durch die ganze Welt. Der Durchschnittsmensch ist so dumm, daß er bei dem andern immer die Vorzüge seiner Lage, bei sich selbst aber die Nachteile ins Auge faßt. Und so kommen die meisten Adamskinder aus dem Maulen und Miauen nicht heraus.

Was aber nun mich betrifft, so glaube ich heute noch, daß ich meinen Brüdern gegenüber wirklich der Bemitleidenswertere war. Denn weil ich nicht zur Schule brauchte, so durfte ich in der Regel auch nicht teilnehmen an tausenderlei Freuden, die sich ihnen in Wald und Heide, auf dem Wasser und auf dem Eis darboten.

»Otto darf das nicht«, diese vier Wörtlein tönen mir noch aus der Jugendzeit in mein Alter hinein. Heute muß ich darüber lachen, aber seiner Zeit habe ich, wer weiß wie oft, darüber geweint, bitterlich geweint. Wenn die Brüder zum Schneeballwerfen auf den Kirchplatz gingen, so tönte Vaters Stimme: »Otto darf das natürlich nicht, er hat vorige Nacht stark gehustet.« Jubelten andere Knaben über die herrliche Eisbahn, so hieß es: »Otto darf das nicht, es ist Ostwind.« Handelte es sich um einen Ausflug oder um das Essen eines Pfannkuchens – immer, wenigstens sehr oft, kam das schreckliche Wort: »Otto darf das nicht.« Ja, wenn ich länger als eine Viertelstunde auf dem Klavier klimperte, oder wenn ich allzu eifrig in einem Geschichtenbuch las, hieß es: »Otto darf das nicht länger; er wird sonst ganz nervös.«

Mir wäre das Leben verleidet worden, wenn meine Mutter nicht gewesen wäre. Diese wies mich nicht nur darauf hin, daß der liebe Gott mich im Himmel einmal reichlich entschädigen würde, wenn ich nur jetzt gelassen und geduldig sei; nein, sie verhieß mir auch mit einer wunderbaren Zuversicht, daß ich in der Zukunft so viel von der Welt sehen und genießen würde wie nur wenige Menschen. Sie sagte das so oft, bis ich's endlich, allem Sichtbaren und Wahrscheinlichen zum Trotz, festiglich glaubte. Und Mutter hat auch hierin wirklich recht bekommen.

In Summa: bei ihr ging der Trost nie aus. Dagegen erinnere ich mich noch lebhaft, wie ein frommer Mann mich einmal durch seinen »Trost« aufs tiefste erbitterte. Unsere Familie war zu einer großen Fischerei auf einem Bauernhof eingeladen. Meine Gesundheit war so kläglich, daß ich, wie so oft, zu Hause bleiben mußte. Darüber weinte ich heiße Tränen. Der »fromme Mann« nun, der zugegen war – es war ein Schwabe –, meinte etwas sehr Frommes zu sagen, als er mich folgendermaßen anredete: »Du solltest dich deiner Tränen schämen! Wisse, mein Sohn, Verleugnung ist der beste Genuß.« Ich schwieg zwar stille; aber ich war innerlich wütend. Und wenn man je dazu Grund hätte, so hatte ich jetzt Grund dazu. Abgesehen davon, daß es gar nicht einmal richtig war, was er sagte – denn Verleugnung ist an sich das Gegenteil von Genuß –, so ist es auch allemal grausam, wenn man eine bittere Wahrheit vorträgt, ohne daß dabei die Liebe gespürt wird. Wahrheit ohne Liebe tötet. Ja, wenn der Mann mir jetzt gleich ein Geschenk gemacht hätte, um mich zu entschädigen, dann hätte er gehandelt, wie man mit einem Kinde umgehen muß. Aber so war's eitel Essig und Galle.

Nein, so war Mutter nicht. Sie verwies mich nicht nur auf zukünftige Äonen, wo Gott die Tränen abwischen wird von unseren Augen. Sie sorgte auch in der Gegenwart, daß ich weder freudlos noch untätig war, wenn ich auch zu Hause bleiben mußte. Und mit ihr sorgte der große Gott im Himmel, daß die Welt zu mir hereinkam, wenn ich nicht in sie hineinlaufen durfte.

Unter Vaters Patienten

Die Patienten in Vaters Wartezimmer mußten oft lange warten. Sie waren meist in der Stimmung, daß sie ihr Innerstes gern herauskehrten und ihre Leidensgeschichte erzählten. Und wenn kein Besserer da war, sie anzuhören, so war selbst der kleine Doktorssohn Otto gut genug dafür. Da lernte ich denn das menschliche Herz kennen, ohne daß ich mir darüber klar war, daß ich etwas kennenlernte.

Aber diese seufzenden Leute mußten auch unterhalten werden, damit sie nicht zu ungeduldig wurden und schließlich gar einen andern Arzt aufsuchten. Es gehörte mit zu dem Beruf der Frau Doktor, die Leute in Stimmung zu halten oder zu bringen. Die Mutter aber, die sonstwie im Haushalt, im Weltreich und im Reiche Gottes viele Geschäfte hatte, machte mich – was die

Unterhaltung der Patienten betraf – zu ihrem Flügeladjutanten. Ich mußte also mit jedem etwas anfangen, und darum wußte ich auch schließlich mit jedem etwas anzufangen und aus jedem etwas herauszubringen. Das habe ich auch bis heute noch nicht ganz verlernt. Die Professoren haben mich das also nicht gelehrt; die verstehen diese Kunst oft auch schlecht genug. Aber meine Mutter verstand sie aus dem ff. Nicht daß sie damit angefangen hätte, den Leuten geistlichen Zuspruch zu geben. Nein, das kam nachher so »bei Wegelang« ungesucht und doch vom Himmel erbeten.

Nein, Nummer Eins war, die Leutlein zu beschäftigen. Mädchen und Frauen bekamen, je nach Talent, Stand und Würde, entweder Kartoffeln zu schälen, Gemüse zu reinigen, Metallgeschirr zu putzen, Garn aufzuwickeln, Strümpfe für arme Leute zu stopfen, Hemden zu »merken« usw., usw. Natürlich empfingen sie nachher auch irgendeine Belohnung dafür, eine Tasse Kaffee oder Schokolade, ein kleines Buch, ein Bild und dergleichen. Die Mannspersonen sind bekanntlich in der Welt nicht so gut zu gebrauchen und doch, wenn sie warten müssen, noch gefährlicher und boshafter als die Weibsleute. Ihnen, ich meine den männlichen Personen, wurde also ein Buch, eine Zeitung oder auch, wo's angebracht war, ein Missionsblatt in die Hand gegeben. Wurde jemand »flau«, so wußte ich, wo das »Kölnische Wasser« seinen Platz hatte, und verstand es mit einigem Geschick, den Leuten davon etwas unter die Nase zu reiben.

Die Hauptsache blieb aber doch die Unterhaltung, freilich nicht immer. Zuweilen mußte auch die Mutter den Doktor spielen. Ich erinnere mich noch sehr gut, wie eines Tages eine Bauersfrau mit ihrer kleinen Tochter angerannt kam. Der nichtsnutzige Herr Bruder des Kindes hatte ihm eine harte weiße Bohne tief in das eine Nasenloch hineingedrückt. Die ungeschickten Bemühungen der Bäuerin hatten aber nur eine noch höhere Lage der Bohne bewirkt. Das arme Kind war blau und rot im Gesicht, die Nase war entsetzlich geschwollen; die Augen standen ihm aus dem Kopf, und man mußte jeden Augenblick befürchten, daß Krämpfe eintraten. Rasch entschlossen legte meine Mutter das arme Kind so hin, daß der Kopf eine nach hinten geneigte Lage bekam. Alsdann tröpfelte sie warmes Wasser in die Nasenhöhle, um die Bohne aufzuweichen. So konnte sie denn bald mit einem Instrument, das einen Widerhaken hatte, die schauerliche Bohne fassen und herausziehen.

Vielleicht sagt der Leser: »Das hätte ich auch gekonnt.« Ja, freilich! Aber ob du auch den Einfall gehabt hättest? Doch meinetwegen magst du auch so klug gewesen sein. Jedenfalls war die Bauersfrau ganz aus Rand und Band vor Freude und Bewunderung. »Frau Doktor«, rief sie, »Sie sind der beste Doktor in der ganzen Welt, und ich will es Ihnen im ganzen Leben nicht vergessen.« Am andern Tage kam eine riesige Bratwurst für die Speisekammer der Frau Doktorin und ein Korb mit Äpfeln »für den jungen Doktor«. Das war ich nämlich. In törichter Bescheidenheit vergaß ich nämlich zu bemerken, daß ich dem Kinde während der »Operation« die Hände festgehalten, Witze gemacht und zärtlich mit ihm getan hatte.

So griff die Mutter zuweilen in Vaters Amt. Aber in der Regel lag ihr doch die seelsorgerische Tätigkeit mehr am Herzen, sintemal sie eine Pastorentochter war. Und in der Tat, meine Mutter hatte ein wahres Charisma des Tröstens, was nicht zu verwundern war, da sie das Charisma der Liebe hatte. Mir freilich erschien sie allzu mild; mir war es oft unbegreiflich, wie Leute, die wegen ihrer Frömmigkeit berühmt waren und auch in unserm Wartezimmer oftmals bezeugten, daß »alles, alles Gnade« sei, – ich sage, mir als Kind war oft ganz unverständlich, wie solche Leute dann so trostlos, verzagt und mürrisch sein konnten, wenn der göttliche Kurs anders war, als sie sich gedacht hatten. Aber Mütterchen sagte: »Junge, das verstehst du noch nicht. Der Geist ist willig, aber das Fleisch ist schwach.« Dies verstand ich nun freilich auch nicht. Aber so viel merkte ich doch, daß es eine Entlastung der mürrischen Sünder bedeutete. Im Ton milden Trostes suchte denn auch die Mutter den traurigen Leuten ihren Kompaß richtig zu stellen.

Nur wenn ihr ein offenbar selbstgerechtes Wesen entgegentrat, konnte sie auch ganz »blitzig« werden. Eine Szene ist mir unvergeßlich. Ein kranker Bauer klagte Stein und Bein über seinen »rheumatischen Kram« und sagte, er könne es nicht begreifen, wie unser Herrgott gerade ihm das antun könne. Gott sei doch immer so zufrieden mit ihm gewesen; warum hätte er ihm sonst eine brillante Ernte nach der andern wachsen lassen? Und nun diese Höllenqualen! Nein, es sei unverantwortlich usw. Da aber fuhr meine Mutter auf: »Herr N. N.! Gottes unverdiente Güte wollte Sie zur Buße leiten. Daher kamen die guten Ernten; nicht aber, weil er mit Ihnen so zufrieden gewesen wäre. Nun aber haben Sie sich durch Gottes Güte zum Hochmut treiben lassen. Können Sie sich verwundern, daß er Sie ein wenig in die Hölle schickt? Nehmen Sie sich in acht, sonst kommen Sie für immer und ewig hinein!« – Das ging freilich »an die Gräten«, wie das auch in der Absicht der Frau Seelsorgerin lag. Aber meine Mutter konnte das sagen, ohne zu erbittern. Auch ich habe in meinem amtlichen Leben gefunden, daß man den Leuten sehr viel sagen kann, wenn man nur selbst frei ist von Pharisäismus und in der Demut und Liebe steht.

Tut so, als wären sie alle Kappes!

In Wülfrath gab es besonders unter den Fabrikarbeitern immer einen ganzen Haufen Leute, die krank oder doch sehr arm und also unterstützungsbedürftig waren. An einem Mittag der Woche nun kochte meine Mutter einen riesigen Topf mit Suppe für diese Leute. Das tat nicht sie allein; es gab noch einige andere Familien, wo man es ebenso machte. Was aber die Mutter allein tat, das war dies, daß sie ihre leibhaftigen Söhne zu den Überbringern dieses Liebesmahles machte. Andre ehrbare Leute schickten die Dienstboten oder ließen auch wohl, soweit dies möglich war, die Armen selbst kommen, sich ihren Segen zu holen. Mutter aber hatte, wie sie sagte, »ihre Gründe«, die Jungens in diese Arbeit zu stellen. In jeder Hand einen Henkeltopf mit heißer Suppe (ein sogenanntes »Döppen«) tragend, so zogen wir los. Aber halt, wir brachten nicht nur das Döppen; nein, wir brachten auch das Evangelium. »Hier diesen kleinen Topf kriegt die alte Sting in der Fabrik, zwei Treppen hoch. Sie mag nicht viel, wird wohl bald sterben. Sagt ihr dabei: Mutter läßt Euch sagen: ›Es ist ein köstlich Ding, geduldig sein und auf die Hilfe des Herrn harren.‹ – Diesen großen Topf hier kriegt der alte Stinder im Armenhaus, er hat die Schwindsucht und ist nicht satt zu kriegen. Sagt ihm den Vers dabei: ›Wer Gott vertraut, hat wohl gebaut usw.‹« – Und so ging's fort. Überall mußten wir natürlich einen Gruß bestellen und uns nach dem Befinden erkundigen oder auch gleich Mutters baldigen Besuch anmelden.

Nun werden meine jugendlichen Leser und auch die grauköpfigen Alten, wenn sie sich noch in die jugendliche Lage zurückversetzen können, – sie alle werden verstehen, daß uns diese Wege sehr bitter waren. Sie waren uns an und für sich nicht angenehm; denn auch wir hätten lieber gespielt. Indes darüber wären wir noch zu trösten gewesen, wenn nur der Spott der Straßenjungen, ja unserer eigenen Spielkameraden, der andern »Honoratiorenkinder«, nicht gewesen wäre. Aber die verhöhnten uns als »Raben des Elia«, als »heilige Engel«, als »Armenprovisors« (Provisoren oder Provisors waren die Männer, welche in der Gemeinde Armenpflege trieben).

Ja, das war bitter. Wir protestierten daher oft und viel, und sogar unter Tränen. Aber unsere sonst so zärtliche, liebevolle Mutter fragte nach diesem Protest so wenig, als ob wir uns gegen Seife und Waschwasser gewehrt hätten. Sie sagte lächelnd: »Nun, geht nur; ihr werdet es mir noch einmal danken.« Wir glaubten damals nicht, daß sie je recht bekommen werde; aber wir gingen doch. – Oder sie packte uns bei der Ehre: »Was? Ihr wollt einmal freie und selbständige Männer werden, und ihr fragt danach, was die dummen Jungen sagen? Ihr wißt doch ganz gut, daß es etwas Gutes ist, was ihr tut, und nun laßt ihr euch durch solch ein Geschwätz bange machen? Laßt sie babbeln! Ihr müßt so tun, als wären sie alle Kappes (Kohlköpfe). Aus keinem Knaben wird ein rechter Mann, wenn er nicht frühe lernt, das Rechte zu tun und sich gar nicht zu kümmern um die ganze Welt.« – Oder wenn alles nicht helfen wollte, fragte sie: »Meint ihr wohl, daß der zwölfjährige Jesus nicht gern ein Döppen Suppe den armen Leuten gebracht hätte? Ihr wollt doch nicht besser sein als er?«

Schließlich – wenn auch langsam – gingen Mütterchens Argumente den Söhnen in Fleisch und Blut über, und sie gewannen dadurch einen großen Reichtum für das Leben. Ja, es ist ein gutes Ding, wenn man frühe lernt, der ganzen Welt, die ja doch im Argen liegt und vom Eitelkeitsgeist besessen ist, – ich sage, wenn man früh lernt, ihr ein Schnippchen zu schlagen, falls man nur weiß, daß man eine gute Sache vertritt. Es ist noch ein größeres Ding, hängt aber mit jenem eng zusammen, wenn man früh lernt, mit dem Vorbild Jesu Christi Ernst zu machen, und zwar da, wo es uns am wenigsten paßt. In dem Wort: »Geht's der Natur entgegen, so geht's gerad und fein«, liegt eine tiefe Wahrheit, so lange unsere Natur so ist, wie sie ist. Sich selbst verleugnen und praktisch und faktisch Jesus nachzufolgen, das ist mehr wert als alle Orthodoxie und Theologie. Denn unser Herr Christus ist nicht herniedergekommen, um eine neue Lehre, sondern um ein neues Leben in die Welt und Menschheit zu bringen.

»Hokus Melibokus!«

Mein Vater bekam einmal Besuch von einem vortrefflichen Herrn, nämlich von einem Buchhändler aus Elberfeld, der unglücklicherweise Mebus hieß. Herr Mebus war ein kleiner Mann, hatte aber einen großen Buckel oder Höcker. Ich sagte, der Elberfelder Buchhändler hätte »unglücklicherweise« den Namen Mebus geführt. Ich hätte auch sagen können, daß wir nichtsnutzige Jungens unglücklicherweise zu dieser Zeit in der Geographiestunde von dem Berge Melibokus, der bekanntlich im Odenwald liegt, gehört hatten. Auch hatte der Lehrer gesagt, daß man diesen Berg scherzweise Hokus Melibokus nenne. Das hatte uns schon viel Spaß gemacht. Jetzt aber, beim Anblick des Herrn Mebus, der einen Höcker (Hokus) führte, glaubten wir die Stunde gekommen, unsere geographische Weisheit und unsern Witz leuchten zu lassen. Als der liebe Mann nämlich das Haus verließ und an uns vorbei über den Kirchplatz schritt, riefen wir unartigen Jungens ihm nach: »Hokus Melibokus! Hokus Melibokus!« – gerade so, wie vor 2500 Jahren die flegelhaften Buben in Bethel dem ehrwürdigen Elisa nachschrieen: »Kahlkopf, komm herauf! Kahlkopf, komm herauf!« Dafür wurden damals ihrer zweiundvierzig von den Bären zerrissen.

Nun, so schlimm erging es uns gerade nicht; aber die Strafe blieb auch uns nicht aus. Denn kaum hatten wir hinter dem Herrn Mebus her unser »Hokus Melibokus« gerufen, so ertönte ein scharfer Pfiff. Den kannten wir. Er kam vom Vater, der, am offenen Fenster stehend, alles gehört und gesehen hatte. Alsobald wandelte sich die böse Freude in bitteres Leid. Denn als wir gesenkten Hauptes in Vaters Studierstube traten, der älteste voran, dann ich und so weiter – wir alle nach der Zahl unserer Jahre –, da stand er schon da mit der Reitpeitsche in der Hand, und die Ader auf seiner Stirn war geschwollen. Alsobald gab es Schläge, die hatten sich gewaschen, wie man wohl sagt. Die Striemen aber, die sie machten, konnte man nach acht Tagen noch *nicht* wegwaschen.

Als diese erste Lektion vollendet war und wir alle unsere Portion bekommen hatten, kam der zweite Vers. Vater fragte, ob wir wüßten, weshalb wir geprügelt worden wären. Wir antworteten alle durcheinander heulend: »Ja, lieber Vater, ja!« Wir fürchteten, daß wir eine zweite Auflage der Prügel erleben könnten; darum waren wir so eifrig, unsere Schuld zu bekennen. Aber unser Gewissen überführte uns auch wirklich.

Nachdem der Vater also seines Strafamtes gewartet hatte, trat die Mutter ihr Lehramt an. Sie nahm uns mit sich in die stille Kammer und offenbarte uns gründlich, wie häßlich und unmenschlich wir uns benommen, und daß wir dem Heiland geradezu ins Gesicht geschlagen hätten. Dieser hätte sich immer der Elendesten, Leidenden, Häßlichsten, Verachtetsten am meisten angenommen, und wer sein Jünger sein wolle, müsse sich bestreben, es ebenso zu machen. Sie zeigte uns in überzeugender Weise, daß das allein menschlich, edel und lieblich sei, daß es aber eine elende Feigheit verrate, wenn man der Leidenden spotte. Sie machte uns auch darauf aufmerksam, wie jeder verunstaltete oder sonst von der Natur vernachlässigte Mensch uns eine Ursache zu Lob und Dank sein sollte. »Denn«, sagte sie, »was wolltet ihr denn machen, wenn ihr nun alle einen Buckel hättet, oder warum seid ihr denn besser als die, die nur ein Auge oder zwei taube Ohren haben?«

Ob nun die Peitsche des Vaters oder die sanfte Weisheit der Mutter mehr geholfen hat, oder ob es beides gemeinsam getan hat – jedenfalls hat diese Züchtigung ausgerichtet, wozu sie gesandt war, und ich danke meinen Eltern noch mehr dafür als für alle Pfeffernüsse, Honigkuchen und Marzipantorten, womit sie uns je und dann traktiert haben. Es ging mir in Fleisch und Blut über, daß ein wahrhaft edler Mensch, geschweige denn ein Christ, überall und zu aller Zeit auf die Seite der Verachteten, Verlachten und Verspotteten treten müsse.

Als ich später wirklich zu den Füßen des Heilandes saß, habe ich das tiefer begriffen; aber die Hokus-Melibokus-Geschichte hat mir es doch schon gut »eingebleut«. Auch fehlte es in der Schule, wo einige fast blödsinnige und sehr mißgestaltete Büblein und Mägdlein mit untergelaufen waren, nicht an Gelegenheit, die neu einexerzierte Tugend zu beweisen. Gute Moral ist wahrlich nicht zu verachten, zumal wenn ein Tröpflein Evangelium dabei mit einfließt.

Hulda Humburg

1855–1914

Hulda Katharina Humburg wurde geboren am 19. November 1855 als Tochter des Lederfabrikanten Jakob Gustav Siebel sen. in Freudenberg, Kreis Siegen. Sie war das älteste von zehn Kindern. Ihr Elternhaus bildete einen Mittelpunkt christlichen Lebens im Siegerland. So lernte sie von Kind auf die geistliche Welt ihrer Eltern mit dem Getriebe eines Kaufmannshauses zu verbinden. Ihrer Mutter half sie tatkräftig in der großen Familie.

Der Vater erwartete, daß jeder gläubige Christ neben seinem Beruf auch eine Aufgabe im Reich Gottes übernehmen sollte. Huldas vier Brüder übten, wie ihr Vater, zeitlebens Tätigkeiten in Gemeinschaften aus und bekleideten Ämter in der Kirche.

Unter den Gästen ihres Vaters befand sich eines Tages auch Otto Humburg, der in der Nähe ein kleines Stahlwerk betrieb. Er suchte, von guten Freunden beraten, Anschluß an diesen christlichen Kreis. Otto Humburg lernte dort die Tochter Hulda Siebel kennen, und er heiratete sie im November 1875. Der erste Sohn Fritz wurde geboren, als gleichzeitig Mutter Siebel ihr zehntes Kind bekam. Die Familie zog bald nach Mülheim am Rhein (heute: Köln-Mülheim). Dort begann Otto Humburg einen Eisengroßhandel. Dem Sohn Fritz folgten ein Sohn Paul und eine Tochter.

Hulda Humburg hatte eine handfeste Art und verleugnete nie ihre kaufmännische Ader.

Sie war aber auch eine wahrhaft geistliche Persönlichkeit. Das zeigen die Erinnerungen, die ihr Sohn Paul Humburg, damals Pfarrer in Wuppertal-Barmen, im Jahre 1932 niedergeschrieben hat. Humburg ist besonders im Kirchenkampf während des Dritten Reiches als Präses der Bekenntnissynode der Evangelischen Kirche im Rheinland bekanntgeworden.

Die Beterin

Vor meinem Auge steht das Bild meiner betenden Mutter. Es gehört zu meinen frühesten Kindheitserinnerungen, daß ich in das Wohnzimmer hineingestürmt bin und dort vor ihrem kleinen Nähtisch meine Mutter sitzen sah, die aufgeschlagene Bibel vor sich, die Hände gefaltet auf den Tisch gelegt, mit geschlossenen

Augen betend. Wenn sie morgens die erste Hausarbeit erledigt und die Zimmer aufgeräumt hatte, zog sie sich in die Stille zurück. Dann las sie auch erst die Briefe, die sie vielleicht schon eine Stunde lang in der Tasche trug. Und dann schlug sie ihre geliebte Bibel auf, in der sie außergewöhnlich zu Hause war, zumal auch, was das Alte Testament anbetraf. Wir wußten später alle, daß wir sie in der Stunde nicht stören durften. Wir haben wohl nie darüber gesprochen; aber für uns alle war das Heiligtum unserer Mutter und die Tatsache, daß wir von ihrem Gebetsleben wußten, von tiefstem Eindruck. Nichts hat vielleicht solche bewahrende Kraft und bedeutet solch ernste Zucht für ein Kindergemüt, als wenn es weiß, daß die Mutter alles und jedes und vor allem ihre Kinder mit ihren Freuden und Leiden, ihren Fehlern und Sünden im Gebet vor Gott bringt.

Als sie mit 43 Jahren verwitwet war und sich nun noch in die Leitung des Geschäftes einleben mußte und, wie wir sie oft neckten, als »Handelsfrau« in amtlichen Anschreiben von Behörden und anderen Stellen angeredet wurde, habe ich es oft beobachtet, wie sie nun auch alle Einzelheiten des Geschäfts mit ins Gebet hineinzog. Ob mancherlei zu schnellen Entschlüssen drängte, ob auch dem Geschäftsführer einmal das Verhalten unserer Mutter als zu zögernd und unkaufmännisch vorkam, sie ließ sich nicht zu schnellen Entschlüssen treiben und legte am liebsten eine Nacht zwischen Frage und Antwort, damit sie am Abend und in der Stille auf ihrem Lager alles noch mit ihrem Gott durchsprechen konnte.

In den langen Jahren, in denen unser Vater krank war und in denen sie deshalb die Andachten bei Tisch hielt, war es uns immer ein großer Halt, es mit zu erleben, wenn unsere Mutter die Anliegen der Familie im Abendgebet vor Gott den Herrn brachte. Eine solche Leidenszeit des Familienvaters, die durch Jahre, bei uns durch etwa sieben Jahre, hindurch dauerte, hat ja an sich schon einen vertiefenden Einfluß auch auf die jungen Kinder. Allmählich wuchsen wir auch mit in die Sorgen des Hauses hinein. Da haben wir es von unserer Mutter gelernt, was es heißt: »Alle eure Sorgen werfet auf ihn!«

Sie war sehr zurückhaltend in der Beeinflussung ihrer Kinder mit christlichen Ermahnungen, wie sie überhaupt sehr schwer aus sich herausging und sich mir vieles von ihrem Innersten erst in ihrer letzten Krankheit erschloß. Sie war auch durchaus kein Freund von besonderen christlichen Gesten und Formen. Um so mehr machte es auf mich einen tiefbewegenden Eindruck, als ich eines Abends den Mut faßte, zu ihr zu gehen und ihr ganz zaghaft zu sagen, ich glaubte vom Heiland angenommen zu sein. Da nahm sie mich mit in ihr Zimmer. Und das einzige Mal in meinem Leben ist da meine Mutter mit mir niedergekniet und hat mich in feierlichem und liebevollem Gebet dem guten Hirten ans Herz gelegt, um Bewahrung und Leitung für mein Leben gefleht. Dann gab es einen kurzen Abschied. Wir haben, glaube ich, nie wieder darüber gesprochen. Aber solch ein Gebet bindet einen jungen Mann an die Wirklichkeiten der ewigen Welt.

Wenn ich den Eindruck, den sie auf uns gemacht hat im wichtigsten Punkt, was das Innerlichste ihres Wesens angeht, zusammenfassen soll, so kann ich nur sagen: Unsere Mutter war für uns ein lebendiges Rogate – Betet!

Liebe zu Gottes Reich

Bei meinen Kreuz- und Querzügen durch London, die ich als Kandidat der Theologie wochenlang machte, kam ich eines Tages auch in ein großes Büro der Heilsarmee. Es war der Mittelpunkt der Versicherungsgesellschaft der ganzen Heilsarmee. Als ich den Oberst, der mich herumführte, im Blick auf die Angestellten, die in den großen Sälen arbeiteten, fragte: »Sind das nun alles gläubige Christen?«, sah er mich ernst an und sagte: »Gläubige Christen? *Arbeitende Christen!*« Daß Christen arbeiten müssen für Gottes Reich, das haben wir schon von frühester Jugend an von unserer Mutter gelernt.

Die Arbeiten des Reiches Gottes hatten die uneingeschränkte Teilnahme unserer Mutter. Sie las eine ganze Reihe Missionsberichte und andere Zeitschriften. Von der Rheinischen Mission waren immer drei Blätter im Haus, ferner der Neukirchener Heidenbote, die Berichte der Brüdergemeine und andere. Und was sie gelesen hatte, davon erzählte sie uns Kindern sehr oft bei Tisch. Die Namen Bandjermassin, Odjimbingue und wie sie alle heißen, die Stationen in Surinam und am Tana in Ostafrika waren uns eher bekannt, ehe wir sie lesen konnten.

Dazu kam, daß in unserem Hause eine große Zahl von Arbeitern im Reiche Gottes aus- und eingingen. Unsere Mutter war sehr gastfrei. Eigentlich sollte ich sagen: Unsere Eltern waren es. Unser Vater ging in dieser Hinsicht wohl manchmal weiter, als nötig gewesen wäre. Er hatte eine sehr gesellige Art und gern Gäste um den Tisch. Aber die Gastfreundlichkeit ist doch wohl vor allem Sache der Mutter. Als ich einmal jemand, und zwar eine Dame, rühmen hörte, wie gastfrei der ehrwürdige Pastor Engels in

Nümbrecht, der bekanntlich unverheiratet geblieben ist, gewesen sei, habe ich einen Augenblick an einer Antwort schlucken müssen. Ich wollte sagen: »Männer haben leicht gastfrei zu sein; die Arbeit von den Gästen haben doch die Frauen.« Aber obwohl unsere Mutter die Arbeit hatte und auch den Kampf mit dem Haushaltungsgeld, das bei den vielen Gästen manchmal nicht reichen wollte, wiewohl dies letztere in damaliger Zeit noch nicht so wichtig war wie heute, war sie doch sehr gastfrei.

Wie viele Pastoren und Festprediger, die in unserm Jünglingsverein und bei Missionsfesten das Wort verkündigten, sind bei uns eingekehrt! Wie mancher Evangelist hat wochenlang bei uns gewohnt! Aber alle nahm die Mutter herzlich auf, und mehr als einer konnte den Eindruck gewinnen, als ob sie ihm zurief: »Du kehrst zur rechten Stunde, o Wanderer, hier ein.« Es war ihr eine Lust, Christen zu beherbergen, ganz gleichgültig, ob es die einfachen Brüder vom Siegerländer Reisepredigerverein oder vom Brüderverein waren, die Boten der Evangelischen Gesellschaft, wie der unvergeßliche Inspektor Munz, oder kollektierende Pastoren wie Calvino von den Waldensern oder Sublet von der belgischen Missionskirche oder Missionare von der Rheinischen oder Brüdergemeine-Mission. Aus meiner frühesten Jugend stehen mir noch ganz dunkel die Gestalten vor Augen von Fritz von Schlümbach, dem feurigen deutsch-amerikanischen Evangelisten, und dem ehrwürdigen Georg Müller aus Bristol.

Und die wir nicht persönlich sahen und im Hause begrüßen konnten, von denen erzählte uns unsere Mutter. Sie hatte eine große Liebe für Lebensbilder und las sehr viel. Eigentlich hatte sie immer etwas Wertvolles als Lesestoff unter den Händen. Und dabei umfaßte sie weite Gebiete der Literatur. Ich erinnere mich, daß sie noch, bald 50jährig, jeden Mittag in ihrem Erholungsstündchen Goethes »Wilhelm Meister« las, weil sie es sich nicht verzeihen konnte, daß sie dieses Werk noch nicht gelesen hatte. Vor allem aber waren es die Lebensbilder der Männer des Reiches Gottes und die Gestalten aus der Kirchengeschichte, besonders die Vorkämpfer der Hugenotten und Waldenser, die ihre ganze Liebe besaßen. Und von ihrem Lesetisch fielen reichliche Brosamen auch für uns, die Kinder, ab, weil sie wundervoll zu erzählen verstand.

Als wir heranwuchsen, war es ihre ganze Freude, daß wir Brüder uns so lebhaft in dem Jungmännerverein beteiligten, dessen Vorsitzender unser Vater bis zu seinem Tode war. Ich habe keinen einzigen Fall in Erinnerung, daß unsere Mutter etwa unseren Vater oder einen von uns von den Vereinsstunden zurückgehalten hätte. Im Gegenteil, sie ermunterte uns und machte auch dem Vater in den Jahren seiner Krankheit, wenn die Kraft oft nicht einmal zum Weg ausreichen wollte, Mut, seine Pflicht zu tun und zu gehen. Sie war nicht eine von den Frauen, die, wenn ihre Männer ihre Arbeit im Reich Gottes tun, dann schmollend zu Hause sitzen und sich vernachlässigt fühlen. Sie langweilte sich nie. Wenn wir gingen, nahm sie ihre geliebten Berichte vor, von denen sie keinen überschlug. Kamen wir nach Hause, oft übervoll von dem Erlebten, dann hatte sie auch etwas zu erzählen, vielleicht aus dem Lande der Eskimos oder aus China, wo sie die Stunden hindurch in ihrem Geist geweilt hatte.

Liebe zu Gottes Volk

Zu dem Eindrücklichsten am Verhalten unserer Eltern für uns gehörte es, daß sie sich zu den kleinen Kreisen ernster Christen hielten. Das war meine Mutter aus ihrem Elternhaus im Siegerland gewöhnt. Wunderbar konnte sie erzählen, wie sie als Kind auf der Holzkiste hinter dem Ofen gesessen hatte, wenn die alten, ehrwürdigen Väter des christlichen Lebens in ihrem Städtchen mit ihren Eltern zusammen die Silvesternacht feierten und mit ihren zitternden Stimmen das Lied sangen: »Abermals ein Jahr verflossen, näher zu der Ewigkeit.«

Sie hatte auch selbst in den ersten Jahren ihrer Ehe, als sie in große Anfechtung wegen ihres Gnadenstandes gekommen war, sich daran zurechtgefunden: »Wir wissen, daß wir aus dem Tode in das Leben gekommen sind; denn wir lieben die Brüder.«

In dem kleinen Dorf im Siegerland, in dem mein Vater ein kleines Stahlwerk betrieb, gab es damals nur wenige lebendige Christen, die sich in eines Schuhmachers Wohnung um einen Tisch versammelten. Mein Vater war wenige Jahre zuvor aus einem völlig weltlichen Treiben durch das Zeugnis dieses Schuhmachers, der ihn in einer schweren Krankheit besuchte, zum lebendigen Glauben herumgeholt worden und hatte seine Freundschaft mit den Honoratioren der benachbarten Stadt abgebrochen, um sich jetzt zu den verachteten »Fienen« zu halten. In dieser seiner Haltung wurde er durch seine junge Frau nur bestärkt.

Und auch später haben meine Eltern in meiner Vaterstadt Mülheim am Rhein immer in den Kreisen derer gelebt, die den Namen des Herrn bekannten und sich um Gottes Wort versammelten. Da die Verkündigung in der Kirche ihnen die Speise nicht bot, die sie suchten, und es eine kirchliche Gemeinschaft damals dort noch nicht gab, sind sie jahrelang als Gäste in der Freien Evangelischen Gemeinde gewesen. Und so haben auch wir Kinder unsere geistliche Speise anfänglich in diesem Kreise empfangen unter dem gesegneten Zeugnis von Predigern wie Leopold Bender und Sprenger aus Köln. Ich habe immer gefunden, daß, abgesehen von der freikirchlichen Tendenz, ich mich auch später noch mit der Theologie dieser Brüder aus den Freien Gemeinden weithin einig fühlte. Was wir in unserer Jugend dort zu hören bekamen, war eigentlich nichts anderes als das, was Gottfried Daniel und Friedrich Wilhelm Krummacher und andere in Wuppertal verkündigt hatten und durch ihre Schriften in diese Gemeinschaften hineingetragen worden war.

Es war ein weitherziger Kreis, der sich abwechselnd in einigen Kaufmannshäusern, und so auch in unserem Vaterhaus, wöchentlich zu einem Leseabend versammelte. Da waren Presbyter aus der Kirche, der Vorsitzende und Glieder der Baptistengemeinde und Familien aus der Freien Gemeinde, und ich erinnere mich nicht, daß je ein Mißton in die Unterhaltung geflossen sei, die sich an das Vorgelesene anschloß und die mancherlei Ereignisse im Reiche Gottes betraf.

Uns Kindern wurde es von vornherein eingeprägt, daß unsere Heimat sein müßte bei denen, die den Herrn Jesus lieb haben. Später, als ich mir über vieles, was ich in der Jugend erlebte, klar geworden war, ist es mir in der Erinnerung aufgefallen, daß ich unsere Eltern nie von oben herab über die Fehler und Mängel der Christen habe reden hören. Dabei hätten gerade die vielen einfachen Brüder, mit denen sie verkehrten und die sich manchmal nicht recht zu benehmen wußten, zumal dem humorvollen Gemüt des Vaters manchen Anlaß zum Spott geben können. Es wurde auch wohl einmal dies und jenes erzählt; aber unsere Eltern fühlten sich mit diesen einfachen Christen viel zu nahe verwandt, als daß sie vor den Ohren ihrer Kinder über sie gespottet hätten. Es hat mich später wohl einmal befremdet, wenn ich in christlichen Häusern über die Eigenarten und Unarten schlichter Christen habe geringschätzig reden hören und über »den guten Bruder soundso« Scherze gemacht wurden. Dann wundern sich solche Eltern später, wenn die Kinder keinen Zug haben zur Gemeinschaft ernster Christen, wo sie selbst sie ihnen früher lächerlich gemacht haben. Es war nicht so gemeint, aber es wirkte so.

Zumal meine Mutter hatte eine ziemlich gute Menschenkenntnis und durchschaute manche Fehlentwicklung, die mein Vater noch nicht sah. Aber wir hatten immer den Eindruck, daß

Tersteegens Wort für sie galt: »Des Heilandes kranke Leute sind mir lieber als der Welt ihre gesunden.«

»Daß es eine Herrlichkeit gibt und daß sich's lohnt«

In den letzten Lebensjahren unserer Mutter entwickelte sich bei ihr ein schweres Nierenleiden, das zumal gegen Ende mit sehr demütigenden Begleiterscheinungen verbunden war. Jetzt neigte sich der Weg ihres Lebens also ins Tal des Leidens und des Sterbens hinein. Manchmal habe ich mit ihr voll dunkler Ahnungen die Zukunft besprochen und konnte mich oft aufrichten an der getrosten Zuversicht, die aus ihr sprach: *»Die Tage des Leidens kommen, aber sie haben auch ihre Gnade bei sich.«* Dieses Wort hat sie mir so eindrücklich gesagt, daß es mir immer wieder zur rechten Stunde einfällt.

In den Monaten vorher und in der letzten schweren Krankheit habe ich es miterlebt, wie ein Mensch des Glaubens sich an das Wort Gottes hält. Eines Abends, als wir, von einem Gang zurückgekehrt, an der Haustür ihrer Wohnung standen, und ich den schweren Druck auf der Mutter so deutlich wahrnahm, habe ich ihr zwei Verse einer Nachdichtung von Psalm 61 gesagt, die von da an sie begleitet haben durch alle dunklen Tage und noch in den Sterbestunden immer wieder vor ihrer Seele aufleuchteten:

»Wollest meinen Fuß regieren
und mich führen
auf den hocherhabnen Fels!
Du warst stets in Angst und Grauen
mein Vertrauen
und mein Turm, Gott Israels.

Laß mich eine sichre Wohnung,
Schutz und Schonung
finden, Herr, in deinem Zelt,
wo mein Herz vor Angst und Sorgen
sich verborgen
unter deinen Flügeln hält!«

Auch in ihrem Leiden war unserer Mutter Leben wie früher immer ohne jede christliche Redensart. Fast hatte man den Eindruck, daß sie übertrieben bemüht war, alles zu vermeiden, was irgendwie christlich klingen konnte und wobei sie doch die Angst haben mußte, es sei nicht echt. Immer wieder erzählte sie auch von Stunden des Glaubenskampfes und der Zweifel, und dann sagte sie: »Ich werde mich wohl nicht täuschen.«

Sehr niederdrückend war es für sie auch, als allmählich die großen Schmerzen des Körpers sie so in Anspruch nahmen, daß dadurch ihr geistiges und ihr Glaubensleben oft bedrückt und getrübt waren. Es machte ihr große Sorge, daß sie nicht recht beten könne, weil sie immer wieder durch ihre Schmerzen unterbrochen werde, und zwischendurch wieder versicherte sie jeden Tag mehrmals, daß sie eigentlich nicht zu klagen, sondern nur zu danken habe.

Damals habe ich meiner sterbenden Mutter manchmal die Predigten vorgelesen, die ich am Sonntag zuvor gehalten hatte. Einmal war es eine Predigt über das Lied des Mose und des Lammes (Offb. 15, 3). Da sagte sie mir einige Tage später: »Ich habe mich sehr getröstet an dem Lied Moses und des Lammes von der Errettung aus tiefen Wassern, und ich habe mich immer mit dazu gerechnet und immer gewußt: dazu gehörst du auch.« Solche Stunden an ihrem Krankenbett waren für mich tief beweglich. Wie ganz anders nahmen sich dann die Gedanken und Worte aus, die ich zu predigen vorhatte oder die ich gepredigt hatte! Immer mußte ich mir die Frage vorlegen: Paßt das auch für Sterbende?

Eines Tages habe ich im Laufe eines solchen Gespräches, als ich ihr schweres Leiden beobachtete, ihr gesagt: »Mutter, wenn ich dich so leiden sehe, kommen mir meine Predigten manchmal vor wie lauter Klingklang. Sag du mir mal, was ich denn eigentlich predigen soll!« Da schwieg sie eine Zeitlang still, und dann sagte sie nur: *»Daß es eine Herrlichkeit gibt und daß sich's lohnt.«* Dann war es wieder still, und wir sprachen von anderen Dingen. Das war ihr Testament für mich im Blick auf meine Predigtarbeit.

». . . und sein besondres Loblied singt«
Leiden und Sterben

Immer wieder betonte Mutter, daß sie sich geborgen wisse in Gott, und sagte stets das gleiche Beispiel: wie ein Küchlein. Das Wort »geborgen« war ihr so lieb, daß sie sogar immer in dem Liedvers, wo es heißt: »Verborgen unter deinen Flügeln«, obwohl ich darauf aufmerksam machte, sagte: »geborgen, geborgen.«

Sehr schwer war es mir, sie in einer Unterhaltung klar und doch zart es wissen zu lassen, daß auch die andere Niere, die nicht herausgenommen war, krank sei und also keine Hoffnung auf

Besserung bestehe. Nach einiger Zeit kam sie auf diese wie nebensächlich hingeworfene Bemerkung zurück und fragte mich nach den Aussagen der Ärzte. Das war ein schrecklicher Augenblick, als ich es ihr jetzt ganz klar sagen mußte und auch gesagt habe, wie es mit ihrer Krankheit stände. Ich verstehe seither die Angehörigen von Leidenden sehr gut, die vor dieser Stunde zurückschrecken und sich darauf besonders rüsten müssen mit Gebet, um aus Liebe zu dem Sterbenden ihn nicht zu täuschen, sondern ihm zur Klarheit über seine Lage zu verhelfen. Sie sagte lächelnd: »Jeden Tag höre ich aufs neue mein Todesurteil. Eigentlich wäre ich gern noch einige Jahre bei euch geblieben um deiner Kinder willen. Großmütter haben oft so eigenartigen Einfluß auf die Kleinen; aber nun müssen ihnen andere den Weg zeigen, und der Herr muß ja alles selbst machen.«

Immer wieder versicherte die Mutter: »Der Herr hat alles wohl gemacht. Er hat wirklich alles wohl gemacht.«

Es war ein harter Augenblick, als einmal bei der Besprechung ihrer Lage sie vor sich hinsagte: »Nun lassen mich auch meine Kinder los; aber ich habe ja Jesus, den Gekreuzigten. Er hat mich durchgetragen und wird mich immer durchtragen. Ich will mir nichts vormachen; aber er hat doch gesagt: ›Ich bin der Herr, dein Arzt.‹ Und das gilt doch bis zum letzten Atemzuge.«

Als ich am letzten Tage, an dem ich mit ihr sprechen konnte, die Losung des folgenden Morgens vorlas, Jesaja 19, 25: »Der Herr Zebaoth wird sie segnen und sprechen: Gesegnet bist du, Ägypten, mein Volk, und du, Assur, meiner Hände Werk, und du, Israel, mein Erbe!«, da sagte sie: »Ein klein wenig habe ich auch da mitgearbeitet und in meinem Gebet an Assur und Ägypten gedacht, daß doch alle Völker einstmals versammelt seien vor Gottes Thron.« Sie war ja eine große Freundin der Mission und sehr treu in ihrer Fürbitte.

Sehr eigenartig war es mir und ist mir hernach erst recht wichtig geworden, daß sie nicht viel sprechen wollte von dem Wiedersehen mit Menschen bei dem Herrn. Als wir sie einmal erinnerten, daß sie unseren heimgegangenen Vater und ihren Vater, den sie immer so sehr verehrt hatte, wiederfinden werde, da wehrte sie ganz bestimmt ab und sagte: »Sprecht mir davon nicht, ich will den Heiland sehen.« In dieses nüchterne Glaubensleben paßten die manchmal so sentimentalen Reden nicht hinein, mit denen man über das Wiedersehen mit seinen heimgegangenen Lieben spricht. Gottes Wort malt solches nicht aus. Und es wäre wohl gut, wenn die, die man so viel von dem Wiedersehen mit ihren Entschlafenen sprechen hört, sich prüften, ob ihr Herz wirklich auf den Herrn gerichtet ist oder auf irgend etwas anderes, und wären es auch die Liebsten, die wir haben.

Im Zusammenhang mit diesem Gespräch mußte ich ihr helfen, einen Spruch zu finden, und ich merkte bald, es war das Wort 1. Johannes 3, 2: »Wir werden ihm gleich sein; *denn* wir werden ihn sehen, wie er ist.« Ich hatte ihr erzählt von einer Auslegung dieses Wortes durch den Generalsuperintendenten Braun: Wie kann nur ein sündiger Mensch in dem Augenblick, wo er die sündige Erde verläßt, in die Gemeinschaft des heiligen Gottes taugen? So wird es sein: Der Anblick Gottes, des heiligen, herrlichen, seligen Gottes, wird so überwältigend und reinigend sein, daß in dem Augenblick, wo die Seele ihn erschaut, alle Sünde von ihr herunterfallen wird. »Wir werden ihm gleich sein; *denn* wir werden ihn sehen, wie er ist.« Ob dieses *»denn«* auch wirklich dastände, fragte mich die Mutter. Ich sollte es ihr versichern, und ich mußte es auch zu Hause im griechischen Testament nachsehen, daß diese Verheißung des Wortes Gottes wirklich da stände: »Wir werden ihn sehen, wie er ist, und *dadurch* ihm gleich sein.« Danach ging das tiefste Sehnen dieser im Herrn gegründeten Christin, die über 40 Jahre lang in bewußtem und innigem Gebetsumgang mit ihrem Heiland gestanden hat.

Immer wieder kamen die Stunden der Zweifel und der Trübung, und immer wieder leuchtete das Licht: »Mein Turm, Gott Israels!«, »verborgen unter deinen Flügeln.«

Über ihre Beerdigung hatte sie alles vorher genau bestimmt. Auf ihrem Grabstein steht nach ihrem Wunsch das Wort: »Er ist unser Friede.« Bei der Beerdigung hat der Pfarrer auf ihren Wunsch den Text besprochen: »Aus Gnaden seid ihr selig geworden durch den Glauben und dasselbe nicht aus euch, Gottes Gabe ist es« (Eph. 2, 8). Den Vers hatte sie mit Überlegung ausgesucht. »Ganz aus Gnaden«, sagte sie, »und wenn man meinte, man hätte es sich doch etwas kosten lassen, so heißt es: ›Gottes Gabe ist es‹, alles zur Verherrlichung Gottes.« Sie bestimmte, daß bei ihrer Beerdigung zwei Verse aus dem Lied »Mein Leben ist ein Pilgrimstand« gesungen werden sollten und dann aus einem ihrer Lieblingslieder »Nun lobet alle Gottes Sohn« die beiden Verse von Gerhard Tersteegen:

»Nun, dein erkauftes Volk allhie
spricht: Halleluja, Amen!
Wir beugen jetzt schon unsre Knie
in deinem Blut und Namen,
bis du uns bringst zusammen dort,
aus allem Volk, Geschlecht und Ort.

Was wird das sein! Wie werden wir
von ewger Gnade sagen!
Wie uns dein Wunderführen hier
gesucht, erlöst, getragen!
Da jedes seine Harfe bringt
und sein besondres Loblied singt.«

Rosalie Hahn

1850–1904

Eine untergegangene Welt

Pastor Traugott Hahn (1848–1939) ist der Vater des gleichnamigen Professors D. theol. Traugott Hahn (1875–1919), der als einer der baltischen Märtyrer aus dem Schicksalsjahr 1919 in das bleibende Gedächtnis der evangelischen Christenheit eingegangen ist. Vater Hahn hat ausführliche Lebenserinnerungen geschrieben, die ursprünglich nur für seine Kinder und Enkelkinder bestimmt waren. Es ist gut, daß sie dann doch einer größeren Öffentlichkeit zugänglich gemacht worden sind.

Die Erinnerungen geben das persönliche Erleben des Verfassers mit seinem Gott wieder. Sie sind ein Lobpreis der Gnade des Herrn. Sie enthalten aber auch ein Stück Geschichte der Deutsch-Balten, die nach Jahrhunderten Dauer im Zweiten Weltkrieg ihr Ende gefunden hat. Fast alle Balten-Deutschen wurden, als der berüchtigte Hitler-Stalin-Pakt geschlossen worden war, aus ihrer angestammten Heimat ins »Reich« umgesiedelt. Hahns Erinnerungen halten viel Bedeutsames aus der politischen und vor allem der geistlich-kirchlichen Geschichte der Balten fest. Sie beschwören noch einmal das Bild einer untergegangenen Welt und Zeit. Besonders interessant und bewegend ist es auch zu lesen, wie viele Deutsche und Esten und Letten – Glieder von in jenem Teil Osteuropas ansässigen Völkern – durch das gemeinsame Hören auf das Evangelium verbunden waren.

Das große Glück von Traugott Hahns Leben – das nur durch seine Glaubensverbindung mit dem Heiland übertroffen wurde – ist seine Ehe mit Rosalie Hahn, geb. Paling, gewesen. Viel und dankbar erzählt er in seinen Erinnerungen von seiner Gefährtin. Wir wollen den Spuren ihres Lebens und der beglückenden, aber auch in viel Leid bewährten Lebensgemeinschaft der beiden ein wenig nachgehen.

Lalla als Helferin und Lehrmeisterin

Traugott Hahn war 21 Jahre alt, als er sich 1869 mit der 19jährigen Rosalie Paling verlobte. Der Vater der Braut war der Verwalter eines großen landwirtschaftlichen Gutes, das der Stadt Dorpat gehörte. Rosalie wurde in der Familie Lalla genannt. Der Bräutigam übernahm diesen Namen. Lalla hatte sich keine großen Hoffnungen gemacht, daß jemand sie lieben und zur Lebensgefährtin erwählen würde. Sie sah zwar recht anziehend aus und hatte ein freundliches, gewinnendes Wesen. Auch war sie von echter Frömmigkeit geprägt. Sie hinkte aber stark, da ein Fuß verkürzt war. Für Traugott Hahns Liebe war das kein Hindernis.

Er sah als sein Berufsziel den Missionsdienst in Südwest-Afrika an. Dort war sein Vater als Pioniermissionar der Rheinischen Mission unter den Herero tätig. Dieser hoffte, daß der Sohn sein Mitarbeiter und später sein Nachfolger werden würde. Traugott dachte zunächst in derselben Richtung, mußte aber seine Pläne ändern, als sich herausstellte, daß Lallas Gesundheit für den Aufenthalt in Afrika nicht stark genug war. Vater Hahn hat diese Entscheidung nur ganz allmählich annehmen und verkraften können.

Auf welchen Grund die jungen Leute von Anfang an ihre Verbindung miteinander stellen wollten, zeigt ein kurzer Bericht Hahns aus unbeschwerten Ferientagen, welche die beiden mit andern Verwandten und Bekannten im Gutshaus Paling verbrachten: »Im untern Teil des Gartens war die Lindenlaube, ein Kreis von mächtigen Bäumen. Dort auf einer stillen Bank saßen wir zusammen jeden Morgen, ehe die andern herauskamen, lasen einen Abschnitt aus der Bibel und beteten miteinander. Das waren die schönsten Augenblicke des Tages, und wertvoll sind sie uns für unser ganzes Leben geblieben. Aus diesen stillen, ernsten, schönen Minuten floß für uns die Weihe für den ganzen Tag.«

Traugott Hahn wurde – statt Missionar in Afrika – Pastor in seiner baltischen Heimat. Diese gehörte zum riesigen russischen Reich. Seine erste Pfarrstelle fand der erst Dreiundzwanzigjährige in Wolde auf der Ostseeinsel Ösel, die der Rigaer Bucht vorgelagert ist. Lalla war inzwischen seine Frau geworden, in »der folgenreichsten Stunde meines ganzen Lebens« – wie Hahn das Ereignis am Altar nannte, in der er Lalla vor dem Angesicht Gottes sein Ja fürs Leben gab und sie ihm das ihrige. Er sagt: »Das Wort Gottes bei der Stiftung der Ehe ›Ich will ihm eine Gehilfin machen, die um ihn sei‹ hat Gott an mir in wunderbarer Weise erfüllt nach allen Seiten meines Lebens, indem er mir meine Lalla gegeben hat. Für mein Haus, für meine Familie, für mein persönliches Leben im Irdischen und im Geistlichen, für mein Amt und meine Arbeit in der Gemeinde ist sie immer von entscheidender Bedeutung gewesen.«

Der größte Teil der Gemeindeglieder in Wolde waren Esten. Traugott Hahn mußte also vor allem Predigten in estnischer Sprache halten. Nur allmählich beherrschte er diese immer besser. Lalla sprach sie fließend und hatte eigentlich erst so recht die Liebe zum estnischen Volk und seiner Sprache bei ihrem Traugott geweckt. Lassen wir diesen erzählen, wie seine Frau ihm Helferin und Lehrmeisterin war:

»Bei meinen zunächst schwachen estnischen Kenntnissen war es selbstverständlich, daß ich die ganze Predigt wörtlich ausarbeiten mußte. Ich arbeitete die Disposition deutsch aus und verfaßte dann die Predigt mühevoll genug estnisch, wobei Lalla mir vielfach helfen mußte. Und dann suchte ich mir die Predigt so gut wie möglich einzuprägen durch Memorieren. Das war eine bittere Arbeit. Es kam mir so unnatürlich vor, eine auswendig gelernte Predigt zu halten. Aber ich glaube doch, es war wohl auch Trägheit. Mein Gedächtnis hätte es ja wohl leisten können, das war stark genug dazu. Aber eine etwas langweilige Arbeit zu Ende zu bringen, das war nicht meine Stärke.

Da kam mir nun Lalla zu Hilfe. Sie konnte es gar nicht leiden, wenn ich, nach meiner Neigung, von einer Arbeit zur andern übersprang. Wie oft hat sie mich damals ermahnt, wenn ich das Ausarbeiten der Predigt unterbrach, um eine andere Sache vorzunehmen, oder wenn ich das Memorieren liegen ließ, und mir etwas anderes zu schaffen machte! Sie war unermüdlich, mich zu bitten und auch mich zu schelten, wenn ich so unbeständig war. Bin ich allmählich ein ausdauernder Arbeiter geworden, so verdanke ich es zum weitaus größten Teile ihr. Sie war, trotz ihrer Jugend und ihrer körperlichen Behinderung, schon damals ein so ungewöhnlich pflichttreuer Mensch, wie man das in ihrem Alter nicht gerade häufig findet. Und sie nahm es damit so ernst, daß sie Unkonsequenz in der Erfüllung der Pflichten einfach für Sünde hielt. Sie hat eigentlich erst in mir dasselbe Bewußtsein geweckt.

Bei den Predigten half ihr nun auch meine eigene Furcht, in der Predigt könnte ich einmal elend steckenbleiben, wenn sie nicht vollständig ausgearbeitet wäre. Zu einem wörtlichen Auswendiglernen habe ich es aber nicht gebracht. Zum Teil vielleicht auch darum, weil Lalla selbst fürchtete, ich könnte in der Predigt steckenbleiben, wenn ich das Konzept nicht mit auf der Kanzel hätte. Und doch ist es das einzige Mittel, um zum Freisprechen der ausgearbeiteten Predigt zu kommen, wenn man das Konzept zu Hause läßt. Da ich nun das Konzept immer mit auf der Kanzel hatte, so blieb ich auch ein Sklave desselben.

Da geschah es nun eines Sonnabends, daß ich an verschiedene Orte zum Krankenabendmahl gerufen wurde, so daß der ganze Tag damit hinging und es mir nicht möglich war, die schon in den Hauptsachen fertige Predigt ganz ins Reine zu schreiben. Nun war ich gezwungen, auf die Kanzel zu gehen mit einer unfertigen Predigt. Lalla war in großen Ängsten in der Kirche. Sie hatte kaum gewagt, mit in den Gottesdienst zu kommen. Aber siehe da, es ging. Ich konnte mich frei ausdrücken und war viel freier, als wenn ich die ganz fertige Predigt vor mir auf der Kanzel liegen hatte. Von da an wurde ich kühner. Nicht daß ich es mit der Vorbereitung leichtsinniger genommen hätte. Das hätte auch Lalla nicht zugelassen. Aber ich arbeitete nicht das estnische Konzept jedesmal so genau bis auf den letzten Buchstaben aus. Und da ich mich jedesmal wohler fühlte, wenn ich auf der Kanzel selbst den Ausdruck bildete, so gewöhnte ich mich allmählich daran, die Partien der Predigt, die ich mir getraute, leicht im Estnischen ausdrücken zu können, deutsch niederzuschreiben und nur die schwierigeren Teile estnisch auszudrücken.

Vom Predigen überhaupt kann ich sagen, daß ich immer mit Freuden predigte, ebenso estnisch wie deutsch. Deutschen Gottesdienst hatten wir nur im Sommer, weil die deutschen Gemeindeglieder im Winter fast alle in der Stadt wohnten. Nur an den hohen Festtagen war deutscher Gottesdienst auch im Winter.«

Eine Geburt unter abenteuerlichen Umständen

Zu der Pfarrei Wolde gehörte eine große Landwirtschaft, von der Lalla als Tochter eines Gutspächters bedeutend mehr verstand als ihr Mann. Dieser sagt von diesem Zweig ihrer Tätigkeit: »Sie leitete alle Arbeiten, besprach alles mit dem Aufseher, wußte es aber immer so einzurichten, daß sie mich vorschob, als ob ich der Leitende wäre. Es war ihr ehrenrührig, wenn sie dachte, die Leute könnten vor mir zu wenig Respekt haben. Es lag aber ein wahrer Segen auf unserer Wirtschaft. Nicht nur das Korn gedieh bei dem köstlichen Wetter, sondern auch unser Vieh, unsere Hühner und Enten.«

Was den jungen Vater aber viel mehr interessierte und bewegte als die Erfolge in der Landwirtschaft, zeigen seine folgenden Zeilen: »In der Stille war uns etwas viel Größeres und Schöneres aufgegangen. Ende März oder Anfang April 1872 war es gewesen, als meine Lalla mir sagte, daß sie glaube, der liebe Gott wolle uns ein Kindlein schenken. Was wir empfanden und fühlten, das mag ich hier nicht mit Worten zu beschreiben versuchen. Haben wir doch damals selbst keine Worte dafür gehabt. Und je mehr diese große Hoffnung gewisser und lebendiger wurde, desto größer und wunderbarer wurde sie uns. Und über den ersten Lebensregungen wollten uns die Herzen stillstehen vor diesem Wunder, das wir miteinander erlebten. Das trieb uns viel ins Gebet für das entstehende Leben dieses kleinen Menschenwesens, aber noch viel mehr für die Seele unseres Kindleins als den Leib. Den trugen wir freilich auch im Gebet vor Gott.«

Einige Wochen vor dem vermuteten Zeitpunkt der Geburt wurde Lalla von ihrem Mann von der Insel Ösel aufs Festland gebracht. Sie weilte zunächst bei ihren Eltern und sollte dann kurz vor Weihnachten die Frauenklinik der Universität Dorpat zur Entbindung aufsuchen. Traugott Hahn konnte diese lange Zeitspanne natürlich nicht bei seiner Frau verbringen, ihn hielten die pfarramtlichen Pflichten in Wolde fest. Er hoffte aber doch, so zeitig sich wieder mit ihr zu vereinigen, daß er ihre schwere Stunde mit ihr teilen konnte. Aller Voraussicht nach würde das um Neujahr sein.

Die beiden Sunde (Meerengen), die Ösel vom Festland trennen, froren bald zu, und zwar so fest, daß man mit Kanonen darüberfahren konnte. Die Aussichten für eine sichere Überfahrt nach Weihnachten waren also gut. Doch da schlug drei Wochen vor Weihnachten das Wetter um. Tauwetter und Regen Tag und Nacht! Über eine Woche ging das so weiter. Nach dem Aufhören des Regens setzte eine frühlingsmäßige Wärme ein. Noch hielt der Sund, wie lange noch? Wie Traugott Hahn zu Mute war, soll er uns selber sagen:

»Mir fing an, der Boden unter den Füßen zu brennen. Ich konnte Weihnachten kaum noch erwarten. Noch nie hat wohl ein Kind nach Weihnachten sehnsüchtiger ausgeschaut als ich damals. Ich mußte die Stunden bis zum Fest zählen, und sie schlichen nur zu langsam dahin. Es war furchtbar schwer, die Gedanken festlich zu stimmen und zur Festpredigt zu sammeln. Ich sang mit den Gemeindegliedern, die sich zum Einüben neuer Melodien versammelten, eifrig, und dann kam wohl etwas Weihnachtsfreude bei dem Singen und unter den lieben Menschen auch mir ins Herz. Dabei betete ich ununterbrochen um Frost, aber er blieb aus. Die Nachrichten vom Sunde lauteten immer bedenklicher. Täglich erwartete man den Eintritt der Sundsperre, sobald ein Sturm käme. Aber das Wetter blieb mild, meist heller Sonnenschein und warmer Südwestwind. Nie im Leben habe ich so oft am Tage das Thermometer beobachtet, ein Barometer besaßen wir nicht.

Ich wußte, daß Lallas Stunde um Neujahr erwartet wurde. Kurz vor Weihnachten sollte sie aber der Sicherheit wegen schon vom Gut der Eltern nach Dorpat ziehen und im Absteigequartier der Eltern in der Botanischen Straße wohnten. Zu den Weihnachtstagen mußte sie freilich allein dort sein, da unsere liebe Mutter nicht Haus und Hof in den Festtagen verlassen konnte. Lalla selbst hätte das nicht haben wollen, wenn ihr auch das Alleinsein schwer fallen mußte. Aber sie hatte Freundinnen in Dorpat, die sie stündlich besuchen konnten. Dennoch war mir recht bange um sie.«

Nach dem Gottesdienst am ersten Festtag hielt es Pastor Hahn dann nicht mehr in seiner Gemeinde. Diese zeigte großes Verständnis für seine Abreise, als er ihr mitteilte, daß es vielleicht schon am Abend des zweiten Weihnachtstages nicht mehr möglich wäre, über den Sund zu kommen. Der kleine Sund konnte auch tatsächlich noch passiert werden. Aber beim großen Sund entwikkelte sich die Lage dramatisch so, daß ein heftiger Sturm sein Eis sprengte. Der halbe Sund war frei, aber das ganze Ufer am Festland war von einem Treibeisgürtel eingefaßt, der eine unüberwindliche Barriere darstellte. Jedes Boot, das sich diesem kilometerbreiten weißen Saum nahte und in seine mächtigen, sich aneinander reibenden Schollen geriet, mußte unweigerlich zertrümmert werden. Es war eine absolute Unmöglichkeit, den Versuch einer Überfahrt zu machen. Ganze neun Tage mußte Hahn auf einer Poststation tatenlos warten. Hören wir ihn selber:

»Diese neun Tage gehörten zu den schwersten meines ganzen Lebens. Da saß ich nun am Sunde, ohne die Möglichkeit zu haben, weiter zu kommen. Das Wetter blieb unveränderlich dasselbe Tag für Tag. Vor der Poststation stand eine sehr hohe Stange mit einer ganz kleinen Wetterfahne. Ich weiß nicht, wie oft am Tag ich da hinaufgeschaut habe, um zu sehen, ob nicht eine ganz kleine Änderung der Windrichtung eintrete. Umsonst! Die Fahne stand, als ob sie angenagelt wäre. Immerfort gingen meine Gedanken nach Dorpat. Ich wußte ja, jede Stunde konnte dort die entscheidende werden. Und ich wußte, wie sehnlich Lalla auf mein Kommen wartete. Ich saß am Fenster, das zum Sunde hinausging. Jede Stunde der kurzen Tage schlich langsam dahin, und in den Nächten, wenn ich aufwachte, konnte ich nicht wieder einschlafen. Das Bewußtsein der Unmöglichkeit, etwas tun zu können, fing an zu Beängstigungen zu werden in den Nächten. Und keine

Nachrichten! Telegramme konnten damals noch nicht nach Ösel gesandt werden. Kein Brief konnte herüberkommen.«

Immer spannender geht der Bericht weiter: »Der Neujahrsmorgen 1873 brach an bei strahlendem Sonnenschein. Unser Hochzeitstag vor einem Jahr! Gegen 10 Uhr vormittags sah ich die Bootsleute am Strande sich sammeln und unentwegt nach Werder auf dem Festland hinüberschauen, auch mit dem Fernrohr. Ich ging hinaus und fragte. Die Antwort lautete: ein Boot sei zu sehen, das sich durch das Eis hindurchzuarbeiten versuche. Aber es gehe nicht, das Eis sei zu fest gepackt. Dann hieß es wieder, es scheine doch vorwärtszukommen. Aber erst gegen Mittag wurde es klar, daß das Boot wirklich vordrang. Mir schlug das Herz in Hoffnung. Vielleicht gelang die Fahrt, und dann brachten mich die Werderschen Bootsleute wieder zurück nach Werder! Wir standen und schauten am Ufer Stunde um Stunde. Das Boot, das anfangs nur wie ein dunkler Punkt im Eis ausgesehen hatte, wurde immer deutlicher sichtbar. Die Leute hatten schon lange mit ihren Adleraugen festgestellt, daß es das neue, ungewöhnlich starke Zollboot sei. Und ohne Zweifel sei Maddis, ein epileptischer, aber ganz außergewöhnlich geschickter Steuermann der Leiter des Bootes. Wenn einer überhaupt durchkam, dann sei es nur Maddis.

Endlich, endlich war das Boot durch das Eis durchgedrungen und kam in das offene Wasser hinein. Da der Wind ihm strikt entgegen war, konnte es nur rudern. Die Sonne stand schon tief, als es anlegte. Ein Oberst der Zollwache, Herr von Erdberg, war in dringenden Aufträgen nach Ösel geschickt worden. Darum hatte man das unmöglich Scheinende möglich gemacht. Der Oberst war ein Freund eines Onkels von mir. Er entdeckte mich sofort unter den Zuschauern und überreichte mir ein Telegramm, das in Werder schon seit dem ersten Weihnachtstag gelegen hatte. Es enthielt nur die schwerwiegenden Worte: ›Lalla gestern abend von einem Sohn entbunden. Das Kind gleich gestorben. Lalla geht es den Umständen entsprechend gut.‹

Was ich bei diesen Worten empfand, kann ich unmöglich aussprechen. Immer wieder las ich die Worte. Alle unsere Hoffnung vernichtet! Lalla allein in Dorpat gewesen, das ahnte ich, da es ja Weihnachtsabend gewesen war! Und nun schon ganze acht Tage seitdem vorüber! Wie mochte es Lalla gehen? Plötzlich schoß mir der schreckliche Gedanke durch den Kopf: ›Am Ende ist auch sie schon gestorben! Wie hat sie das aushalten können, allein in Dorpat! Sicher ist sie krank geworden und vielleicht gestorben!‹

Ich fragte die Werderschen Bootsleute, ob sie wieder zurückfahren wollten am Abend. Sie verneinten. Ich bot ihnen 25 Rubel, wenn sie mich hinüberbringen würden. Umsonst! Sie erklärten, es sei völlig ausgeschlossen, in der Dunkelheit hinein ins Eis zu fahren. Die Herfahrt sei schon lebensgefährlich gewesen, obgleich es hell und sehr still gewesen sei. Würde es dunkel und dabei womöglich etwas windig, so daß die Eisschollen anfingen sich zu reiben, so seien wir rettungslos verloren. Dabei blieb es, und ich ging ganz geschlagen ins Haus zurück.

Nun brachen die Wogen der inneren Anfechtung, der Zweifel an Gottes Liebe und Güte über mich herein wie noch nie vorher. Ich wollte nicht alle die furchtbaren Gedanken denken, die über mich kamen. Es dauerte Stunden, bis ich stiller wurde. Und auch dann noch kamen immer wieder die dunklen Gedanken, so finster, wie ich sie nie für möglich gehalten hätte. Und doch war ich noch nicht am Ende der Wartezeit! Noch ging der 2. Januar hin. Es war windig geworden, und es wäre eine Tollheit gewesen, in das wogende Eis hineinzufahren. Auch der 3. Januar ging vorüber. Ich habe geweint vor Verzweiflung in der Nacht. Dann wurde ich stiller und schlief endlich ein. Unter Gebet war ich endlich ruhiger geworden.«

In der Nacht gegen 3 Uhr wurde Hahn dann plötzlich geweckt. Der Wind hatte sich ein wenig gewendet, und die Bootsleute wurden willig, um des schwergeprüften Mannes willen die Fahrt jetzt zu wagen. Sie war immer noch halsbrecherisch und gefährlich genug. Aber das Abenteuer gelang, das Boot stieß bei Werder auf das bergende Ufer des Festlandes So schnell wie möglich ging es dann im Pferdewagen nach Dorpat weiter. Mit welcher Freude empfing Lalla ihren Gatten, der ihr das Zeugnis gibt: »Nun sah ich erst, wie stark meine Lalla war. So schwer doch gerade sie es gehabt hatte, allein zu sein in ihrer schweren Stunde, so hatte sie doch nicht solche innere Erschütterungen durchgemacht wie ich. Sie war fest und gewiß geblieben im Glauben an die Liebe und Nähe Gottes.«

Traugott Hahn erfuhr nun die Einzelheiten. Lalla war kurz vor Weihnachten nach Dorpat gezogen. Ihre Mutter hatte sie begleitet, alles für sie eingerichtet und war dann zu den Festtagen auf das Gut Saddoküll gefahren, um womöglich schon am ersten Feiertag zu ihrer Tochter zurückzukehren. Da war unerwartet früh ihre Stunde gekommen. Es war am Heiligen Abend. Lalla hatte ihre Magd und eine Tante bei sich im Hause. Die Hebamme und der Professor, der die Frauenklinik leitete, wurden herbeigerufen. Lalla hatte fast Gewissensbisse, beiden am Heiligen Abend die Weihnachtsruhe zu stören. Die Entbindung war ungewöhnlich schwer, der Kleine überlebte sie nicht lange. Als er zur Welt kam, atmete er nur einige Male, und schon war sein Erdendasein beendet. Das Gebet war Lallas Kraftquelle in dem schweren, traurigen Erleben.

Wie waren die Eheleute dankbar und froh, daß sie einander wieder hatten! Lallas Genesung und Kräftigung machte gute Fortschritte. Nach einigen Wochen wurde sie nach Saddokül zu den Eltern entlassen. Weitere 14 Tage später konnte die Rückreise nach Wolde angetreten werden. Dieses Mal war der Sund fest zugefroren.

Kurzes Glück

Als das zweite Kindchen erwartet wurde, dachte niemand an eine Reise nach Dorpat. Dieses Mal wollte Lalla auf Ösel bleiben und sich auf keinen Fall wieder von ihrem Gatten trennen. Die beiden bezogen zwei Zimmer in der nahen Stadt, rechtzeitig traf die treue Mutter zur Hilfe und Pflege ein. Am 1. Februar 1874 kam ein kräftiger Junge zur Welt, der fast zehn Pfund wog. Er bekam in der Taufe die Namen Gotthilf Traugott. Das Pfarrhaus war voll von großem Glück.

Aber das Glück währte nur wenige Wochen. Als der Vorfrühling in jenem Jahr sich anmeldete, zog eine Pockenepidemie über die Insel Ösel. Es ereigneten sich glücklicherweise nur wenige Todesfälle. Unbekümmert um Ansteckungsgefahr besuchte Hahn die Kranken, tat allerdings gewissenhaft alles, was medizinisch-hygienisch zum Fernhalten der Krankheit getan werden konnte. Und doch schien er aus irgendeinem Hause den Krankheitskeim mit in das eigene Heim gebracht zu haben. Lassen wir ihn das folgende schmerzliche Erleben selber erzählen:

»Im Hause hatten wir in dieser ernsten Zeit unsere tägliche und stündliche Freude an dem Gedeihen und der Entwicklung unseres kleinen Traugott. Lalla hatte keine Wärterin genommen. Sie wollte unsern kleinen Liebling keinem andern abgeben. Nur in den Nächten bestand ich darauf, daß sie schlief, und dann war unsere alte estnische Magd Liisu, die den Kleinen ganz rührend liebte, bei ihm.

Am 14. März lachte er zum ersten Male ganz deutlich, noch ohne Ton, aber mit einem so süßen Ausdruck in seinem Gesichtchen, daß wir ganz entzückt waren. Man sieht ja an seinem eigenen Kindchen alles mit andern Augen an als an fremden. Daß er am selben Tag unwillkürlich sein Händchen ausstreckte und dabei meinen Schlips faßte und loszog, das erschien uns schon wie ein erstes Erwachen von Tätigkeit.

Am 15. März war unser Liebling nicht ganz wohl. Es zeigten sich kleine rote Flecken auf dem Körper, aber ohne daß er Fieber gehabt hätte. Nur etwas unruhig war er. Aber am Abend schlief er ganz ruhig ein. Ich saß noch in unserm Schlafzimmer bei Lalla, die schon eingeschlafen war. Ich schrieb und las dann eine an dem Tag angekommene Kirchenzeitung. Sie enthielt allerlei trübe Nachrichten über zunehmende Gottlosigkeit und Verrohung in Deutschland. Ich wurde sehr ernst gestimmt beim Lesen und dachte mit sorgenvollem Sinnen, was wohl unser kleines Jungchen noch zu erleben haben werde, wenn wir nicht mehr bei ihm wären. Ich faltete unwillkürlich die Hände und betete für ihn, Gott möge ihn behüten vor dem Übel und ihn zur Seligkeit bringen. Dann ging ich nach 11 Uhr noch einmal an sein Bettchen und segnete ihn. Darauf legte ich mich schlafen.

Um 5 Uhr morgens trat leise unsere alte Liisu an mein Bett, weckte mich auf und bat mich: ›Bitte, kommen Sie sehen, was dem Kleinen fehlt! Seit einer halben Stunde ist er ganz verändert und atmet so schwer.‹ Rasch fuhr ich in meine Kleider und trat zu ihm. Keuchend, schwer atmend lag unser Herzblättchen da, das Gesichtchen blaß und mit dem Ausdruck großer Qual. Mir war es gleich klar, daß sein Zustand sehr ernst sei. Ich nahm ihn behutsam auf meine Arme und brachte ihn zu Lalla, die auch aufgewacht war. Ich sagte ihr gleich, daß es mir scheine, als ob unser Liebling sehr ernst krank sei. Lalla hatte sich im Bett aufgesetzt und bat, ihr Kindchen selbst halten zu dürfen. So lag er auf ihrem Schoß, und unter Tränen liebkoste und küßte sie ihn. Ich machte ihm eine Kompresse um den Leib, das einzige, was ich zu tun verstand. Es kamen sehr bald schwere Durchfälle. Das machte mir den Ernst der Lage noch klarer. Das kleine Gesichtchen trug den Ausdruck großer Angst. Uns war es, als sähen uns seine großen, dunklen Augen flehend und fragend an.

Daß wir nicht helfen konnten, zerriß uns das Herz. Wir beteten unaufhörlich über ihm. Von Lalla war kein Ton des Jammerns zu hören, aber ihr Gesicht war fast ebenso angstvoll wie das unseres kleinen Jungen. Allmählich wandten sich seine Augen ab von uns und schauten nur nach oben, wie in eine weite, weite Ferne. Ich kannte das von den Sterbebetten – das Auge des Todes. Es war mir klar, daß es zu Ende ging, und ich sagte es Lalla, die es noch nicht fassen konnte. Dann betete ich nur noch über ihm, daß der Heiland sein Schäfchen still und ohne Qual heimholen möge. Sehr bald wurden auch die Atemzüge stiller, der Ausdruck der Angst und Qual wich von dem kleinen blassen Gesichtchen. Die Augen wurden immer größer und heller – wie es uns schien –, dann atmete der kleine süße Mund noch ein paarmal, und unser kleiner Liebling lag todesstill in seiner armen Mutter Arm.

Nun war das Bangen vorbei, aber nun kam das Leid mit seiner ganzen Gewalt. Es war das erste große Todesweh, das durch mein Leben zog. Und für Lalla war es überhaupt das erste wirkliche Weh und Leid, das sie in ihrem jungen Leben erfuhr. War sie doch erst 23 Jahre alt und ich 25. Der besondere Trost, den Gott für uns in jenen Tagen bereit hatte, bestand in dem Besuch lieber Menschen, die zu uns in unsere Vereinsamung kamen, mit uns weinten und aus ihrem lebendigen Christen- und Hoffnungsglauben heraus uns keine wortreichen Predigten hielten – wie wenig vermögen diese zu helfen! –, aber kurze Worte des Trostes sagten. Wir erlebten, wie Gott auch noch heute seine Engel sendet zu seinen Kindern, um sie zu stärken, wenn ihnen die Last zu schwer werden will.«

Erst die Frau, dann die Gemeinde

Traugott Hahn blieb keine drei Jahre in Wolde. Am 25. August 1874 hielt er dort seine Abschiedspredigt. Er hatte einen Ruf auf die Pfarrstelle von Rauge in Livland (einer der drei russischen Ostseeprovinzen) angenommen. Der Grund und die Notwendigkeit für diesen Wechsel lag für ihn in erster Linie darin, daß seine geliebte Lalla mit dem Klima zur Frühlingszeit auf Ösel große Schwierigkeiten hatte. Zwei Jahre hintereinander wurde sie von großer quälender Atemnot heimgesucht. Ja, das zweite Mal steigerte sich diese noch. Hören wir Hahn selber, wie er seine Entscheidung begründete:

»Es war mir klar, daß Lalla auf die Dauer nicht ohne Gefahr den Frühling in Ösel würde ertragen können. Der Gedanke an einen Abschied von der Gemeinde fiel mir zwar sehr schwer, und Lalla wollte nicht, daß ihre Person dabei mit ins Gewicht fallen solle. Aber mir war es ebenso klar, daß Gott der Herr mich doch in erster Linie mit meiner Frau verbunden habe, und erst in zweiter mit der Gemeinde. In der Gemeinde konnte ich durch einen andern Pastor ersetzt werden. Für Lalla war ich allein ihr Mann, für sie verantwortlich vor Gott und Menschen.«

Hier wollen wir einige Sätze Hahns einfügen, die in die Tiefe und Innigkeit des Verhältnisses blicken lassen, das ihn mit seiner Lalla verband: »Was für ein neues Leben und Glück mir aufging, als Lalla mein eigen wurde und ich ihr gehörte, das kann ich mit Worten nie aussprechen. Ich hatte auch eine tief innerliche Verbindung mit meinen Eltern gehabt, wie es vielleicht nicht oft vorkommt, und doch war es nicht dasselbe wie die Lebensgemeinschaft mit Lalla. Den Eltern gegenüber war ich doch stets der Empfangende, sie die Gebenden. Von meiner Person ging doch kein Einfluß aus in ihr Leben. Erst das Verhältnis ist ein nach Gottes Ordnung vollkommenes, wo zwei Menschen so zueinander stehen, daß sie gleichgeordnet einer dem andern das volle Leben, das ganze Denken, das ganze Wollen erschließen und hingeben.

Eine wahrhafte Ergänzung des Lebens muß es sein, was einer dem andern gibt, jedenfalls das Streben danach. Und es ist unvergleichlich mehr als selbst die innigste Freundschaft, weil Mann und Frau nach ihrer schöpfungsmäßigen Eigentümlichkeit und Eigenart einander viel mehr zu bieten veranlagt sind. Nur Mann und Weib sind so ›differenziert‹, daß sie einander bis ins Innerste ergänzen können.

Ich will nicht sagen, daß mir das überlegungsmäßig klar gewesen wäre damals; aber ich erlebte es mit dem innersten Herzen und Leben. So hatte mich noch nie ein Mensch verstanden wie Lalla, und ich hatte auch noch nie einem Menschen so ins Herz geschaut wir ihr. Und das mit der vollsten Freude. Da war nichts von Furcht oder Scheu dabei, wenn wir einander in das Innerste unseres Lebens schauen ließen. Seit meiner Kindheit hatte ich nicht mehr mit einem Menschen zusammen gebetet. Das war jetzt so ganz selbstverständlich, daß wir dazu gar keinen Entschluß brauchten. Welch einen Aufschwung nahm mein Gebetsleben durch dieses gemeinsame Gebet, nicht nur wenn wir beieinander waren, sondern auch in der Trennung! Wie anders lieb wurde mir Gottes Wort! Ich habe es praktisch erfahren, welch eine Macht für das geistliche Leben in der Gemeinschaft liegt, ohne Zweifel am allerhöchsten, wenn es sich um die Gemeinschaft von Mann und Frau handelt.

Die Pausen im Gebetsleben blieben bei mir jetzt aus, soviel ich mich erinnere. Es wurde ein regelmäßiges Beten und Lesen des Wortes Gottes. Und zwar nicht aus einer gefühligen Neigung um eines andern Menschen willen, sondern es war uns ein tiefes Bedürfnis, in Gott eins zu sein. Gerade dadurch traten wir uns so unvergleichlich nahe. Und das kam ganz spontan, vom ersten Tage an, und war beiden ganz gleicherweise ein Bedürfnis. Und allezeit sind wir uns darin eins geblieben, wenn auch hier und da Schwankungen und Trübungen vorgekommen sind, durch meine, nicht durch Lallas Schuld.

Es war uns beiden das Eine, große Neue in unserm Leben: Wir hatten einen Menschen, für den wir leben, den wir lieben sollten für das ganze Leben, mit aller Kraft unseres Lebens eine Verbindung bis in den Tod, nein, bis in die Ewigkeit hinein! Das wußten wir beide von Anfang an, daß uns auch der Tod nicht scheiden würde, wenn wir in Gott, in Jesus, eins waren. Und das wollten wir sein. Weil wir alles miteinander teilten, auch das Verborgenste, aber immer vor Gott, um darüber zu beten, so war es eine Liebe, die rein war und rein machte.

Lalla war auf der einen Seite kindlich, weiblich schüchtern und feinfühlend, dann aber wieder stark und fest. Sie war ein merkwürdig veranlagter Mensch. In ihr war viel Weichheit des Gemütes und große Festigkeit des Willens, eine große Tiefe des Gefühls mit einer ungewöhnlichen Schärfe und Klarheit des Verstandes innig verbunden. Und dabei war sie ein so lebhafter, fröhlicher, kindlicher Mensch, daß oft alle Anwesenden über ihre Kindlichkeit hell lachen mußten. So stark sie war in Dingen der Überzeugung, auch gerade mir gegenüber, so hingebend fügte sie sich allen Wünschen, die ich aussprach, wenn sie mir damit eine Freude machen konnte.«

Wenn wir das hier geschilderte Bild und Wesen von Rosalie Hahn betrachten, dann wird uns noch klarer und verständlicher, warum ihr Mann – wie wir es zitiert haben – sagen konnte: »Gott hatte mich in erster Linie mit meiner Frau verbunden und erst in zweiter mit der Gemeinde.« Über die zwölf Jahre, welche die beiden dann in Hahns zweiter Gemeinde, Rauge, verbrachten, lautete dessen Urteil: »Lallas Persönlichkeit trat in dieser Zeit völlig in den Vordergrund meines ganzen Werdens und Wirkens, innerlich und äußerlich.«

Die Pastorin von Rauge

Rauge war eine Riesengemeinde von über 14 000 Gliedern. Sie gehörte zu den ausgedehntesten in Livland und war über eine Vielzahl von Dörfern verstreut. In diesen Dörfern gab es insgesamt 26 estnische Schulen, über die der Pastor die Oberaufsicht führte. Die längste Länge betrug fast 70 Kilometer, die größte Breite etwa 43 Kilometer. Das Kirchspiel zählte mehr als 200 Seen, größere und kleinere, alle zwischen Bergen und Hügeln eingebettet, meist mit hohen, zum Teil bewaldeten Hügeln und von ungewöhnlicher Tiefe, bis zu 70 Meter. Zahlreiche Bäche und Flüßchen durchströmten das ganze Gelände, meist mit reißendem Gefälle. Das Ganze eine Landschaft von außerordentlicher Schönheit!

Geistlich sah es weithin nicht gut aus in der Gemeinde. Lebendiger Heilsglaube war selten. Es herrschte die Werkfrömmigkeit vor. Wenn sie ziemlich regelmäßig den Gottesdienst besuchten, zweimal im Jahr zum Abendmahl gingen und täglich ein Vaterunser beteten, dann meinten die Esten ihre Pflichten Gott gegenüber erfüllt zu haben. Dann glaubten sie, vor ihm »gerecht« und ihrer Seligkeit soweit gewiß zu sein, wie ein Mensch es eben sein könne. Ganz sicher könne das natürlich niemand wissen. Das naive Vertrauen auf die fromme Leistung war eine unheimliche Großmacht im kirchlichen Leben und religiösen Bewußtsein der Leute. Solch bloße Sitte kann aber keine persönliche Gemeinschaft mit Gott vermitteln. Der äußerliche, mechanische Gebrauch von Gottes Wort, Taufe, Abendmahl und Gebet bringt dem Menschen kein Heil, wenn dahinter kein innerliches Verlangen nach der Nähe Gottes steht. Die Bollwerke einer solchen gefährlichen, verheerenden »Frömmigkeit nach väterlicher Weise« anzugreifen und zu zerstören – dazu wußte sich Hahn als ein rechter Prediger des Evangeliums und des Kleinods der biblischen Gnade berufen. Das war ein schwerer Kampf, aber er blieb nicht ohne Frucht und Sieg.

Was ihm in diesem Ringen seine Frau bedeutet hat, hat Traugott Hahn seinen Kindern wie folgt geschildert: »Unter allen, die in der großen Arbeit in Rauge durch zwölf Jahre hindurch mir geholfen haben, steht ganz obenan eure Mutter. Ohne meine Lalla wäre ich selbst nie das geworden, was ich geworden bin in dieser Zeit. Und ohne sie hätte ich nie das arbeiten und tun können, was ich zu tun hatte. Daß die Riesengemeinde von 14 000 Seelen mich nicht in die Gefahr der fabrikmäßigen Massenarbeit hineingezogen hat, sondern daß ich in die feinere Einzelarbeit habe eindringen können, in die Seelsorge, das habe ich durch Gottes Gnade vor allem meiner Lalla, die immer mein Gewissen und mein Seelsorger gewesen ist, zu danken. Es hat nicht eine einzige Frage der Arbeit gegeben, in der sie nicht bestimmend auf mich eingewirkt hat. Und doch hat sie nie etwa eigenen Willen durchsetzen wollen, sondern sie war immer nur darauf bedacht, mir zu helfen, den Willen Gottes zu erkennen und zu tun, als die von Gott mir für mein Leben zur Seite gestellte Gehilfin. In den zwölf Jahren unseres Lebens in Rauge ist Lalla unter Freude und in schwerem Leid, unter heißer, oft ihre Kräfte übersteigender Arbeit, und in einer schon dort beginnenden schweren Leidensschule das geworden und dazu ausgereift, als was ihr, meine Kinder, sie gekannt habt.«

Sechs Kinder hat Rosalie Hahn in Rauge zur Welt gebracht. Dazu kam noch eine Fehlgeburt. Liebevoll schildert Traugott die »Familienmutter«: »Sie hat es gelernt, alle Kräfte ihres Leibes und ihrer Seele ihren Kindern zu weihen, für euch zu leben, zu eurer Pflege Tag und Nacht, bei eurer Erziehung, die sie eigentlich ganz allein in der Hand hatte; nicht nur, weil ich Tage und halbe Wochen lang euch kaum zu sehen bekam wegen der Gemeindearbeit, sondern vor allem auch, weil eure Mutter euch ganz anders genau kannte und richtig zu beurteilen verstand als ich. In ihrer Hand lag der ganze Unterricht eurer Kindheit. Und wie hat sie sich selbst hineingelernt und hineingearbeitet, um euch den ersten Unterricht zu geben! Und dabei lag ihr alles daran, eure kleinen Herzen nicht von mir wegzuziehen. Wenn ich zu Hause war, dann war es ihr so von Herzen lieb, wenn ich an euren Bettchen mit euch betete und euch biblische Geschichten erzählte, damit ja das Band mit mir euch fest verbände. Wie überall, so war sie auch hierin selbstlos euch und mir gegenüber.«

Für das große Hauswesen hatte Lalla eine ungemein geschickte, praktische Begabung. Bis in die Einzelheiten war sie mit allem vertraut. Mit liebevoller, aber sicherer und fester Hand lenkte sie die Dienstboten. Der große Blumen- und Gemüsegarten war in ihrer Pflege. In den Ställen für die Kühe, Schweine und Schafe erschien sie immer wieder selbst und sah nach dem Rechten. Sie sorgte dafür, daß die Pferde immer zur rechten Zeit beschlagen wurden und jederzeit angespannt werden konnten. Pastor Hahn hatte dienstlich ständig Fahrten mit der Kutsche zu machen. Viel mehr als der Kutscher kümmerte sich Lalla darum, daß immer die rechtzeitige Abfahrt möglich war. Nicht einmal in zwölf Jahren kam es zu einer Verspätung. Wenn zu Krankenbesuchen angespannt wurde, dann drängte Lalla immer zur Eile. Für sie war es Unrecht, einen Kranken warten zu lassen.

Ihr liebstes und eigentliches Gebiet waren Küche, Keller und Vorratskammer. Trotz ihres hinkenden Fußes ging sie überall selber hin. Sie war über jeden Winkel des Hauses, über jedes Stück ihrer Vorräte ganz genau orientiert, viel besser als alle Mägde und Gehilfinnen in der großen Wirtschaft. Dabei kam ihr ein glänzendes Gedächtnis zustatten. Bei all ihrer vielen Arbeit und Verantwortung machte sie aber keinen hastigen und ruhelosen Eindruck und versetzte darum auch andere nicht in Unruhe und Hetze.

Was die pastorale Arbeit ihres Mannes anging, so hat sich Lalla nie neugierig in Angelegenheiten hineinzumischen versucht, die zur Seelsorge und zum Amtsgeheimnis des Pfarrers gehörten. Doch immer wirkte sie mit aller Entschiedenheit ihres Charakters auf ihren Lebensgefährten ein, damit er sich nie für »krumme Wege« und falsche »Diplomatie« hergab. Wahrheit und Gerechtigkeit sollten allezeit bestimmend sein.

Die estnischen Frauen hatten großes Vertrauen zu ihrer Pastorin auch als »Ärztin«. In Verbindung mit dem sonntäglichen Gottesdienstbesuch kamen sie und erbaten Rat und Medizin. Es wurden ihnen meist harmlose Mittel verabreicht. »Kurpfuscherei« kam nicht in Frage. Baldrian, kräftige Abführmittel u. a. wirkten »Wunder«. Diese Art Tätigkeit nahm jeden Sonntag mehrere Stunden in Anspruch.

Im Pfarrhaus zu Rauge wurde eine rege Gastfreundschaft geübt. Darin ließ sich Lalla von niemandem übertreffen. An Sonntagen, an denen – gleich nach dem estnischen – deutscher Gottesdienst gehalten wurde, kamen fast alle deutschen Gemeindeglieder, adlige und bürgerliche, zum Mittagessen. Wenigstens viermal im Jahr wurden sog. Kirchenkonvente durchgeführt. Dort trafen sich nach der damaligen kirchlichen Ordnung die Vertreter der großen Güter und der Bauernschaften, Deutsche und Esten, zu Besprechungen, weniger über geistliche Fragen als über die Dinge des Kirchenalltags. Ohne Unterschied der Nationalität und des Standes wurde allen eine großzügige Gastfreundschaft gewährt. Vor allem die Esten staunten darüber und fühlten sich in dieser Gleichberechtigung sehr wohl. Ähnlich war es, wenn sich die »Kirchenvormünder« trafen. Diese hatten so etwas wie diakonische Aufgaben. Vor allem mußten sie die »Armenbüchsen« ausgeben und einsammeln. Es war rührend zu sehen, wie die z. T. schon recht alten Kirchenvormünder ihre junge Pastorin liebten und zärtlich liebkosten und streichelten beim Bedanken.

Bei den häufiger stattfindenden Zusammenkünften der estnischen Lehrer aus den 26 Schulen der Gemeinde ging es, was Essen und Trinken betraf, bescheidener zu. Hier wurde mehr fachlich gearbeitet und gründlich über Fragen des Wissens, der Zucht und der Religiosität im Kirchspiel gesprochen. Doch Kaffee mit frischem Weißbrot wurde auch da gereicht. Die Lehrer verehrten die junge Pfarrfrau sehr, wenn sie das Streicheln, wie es die »Kirchenvormünder« ungeniert übten, auch unterließen. Viele andere Gelegenheiten gab es noch, wo Lalla die Türen des Pfarrhauses weit auftat und Menschen an Leib und Seele wohltat.

Wie sie sich als ihres Mannes Seelsorgerin betätigte und bewährte, das lassen wir uns am besten wieder von Hahn selber erzählen: »Vor hundert Übereilungen im Handeln hat Lalla mich in ihrer Besonnenheit gewarnt. Und oft ist es ihr auch gelungen, mich zu hindern, Torheiten zu begehen. Dank hat sie dabei zunächst leider sehr wenig von mir gehabt. Ich war ein sehr hitziger Mensch und dazu oft furchtbar eigensinnig. Ich habe es aber mit der Zeit gelernt, mehr auf Lallas Bitten und Warnungen zu achten; denn der bittere Schaden war es, der mich klug machte. Und wenn ich ein Unrecht begangen hatte, so hat Lalla nie die Rolle eines Advokaten meines Unrechts übernommen. Den Menschen gegenüber ist sie freilich nie meine Anklägerin geworden. Aber um so ernster hat sie mit mir gesprochen und mein Gewissen zu wecken versucht.

Oft war es auch, daß sie nur mit dem feinen Gefühl, welches echte Liebe gibt, ahnte, daß etwas nicht in Ordnung in mir war, sei es im Verhältnis zu Gott oder auch zu einem Menschen, und daß eine Gefahr für meine Seele bestand. Da war es ihr unmöglich, am Abend einzuschlafen, ehe sie offen ausgesprochen hatte, was sie ahnte und fühlte. Und sie ließ nicht nach, bis sie auch in mir das Gewissen geweckt hatte, die Schuld klar erkannt und vor Gott bekannt war. Sie berief sich darauf, daß ja jeder von uns beiden in der Nacht sterben könne. Darum müsse vorher alles vor Gott klar werden. Dieses Wort von der Sterbensmöglichkeit war bei Lalla nicht ein Druckmittel, sondern ihr ging das Bewußtsein, daß ich in einer noch unerkannten Sünde stecke, so ans Leben, daß sie mehr als einmal Anwandlungen von ernster Herzschwäche hatte mit ganz schwachem Puls. Und mehr als einmal hat erst solch eine Herzschwäche die Verhärtung gegen das Wort der Ermahnung gebrochen. Und wenn ich selbst schon eingeschlafen war, dann lag Lalla meist noch wach.

In diesen Stunden hat sie noch mehr das Beten gelernt und ist zur großen Beterin geworden. Zunächst in den Sorgen um mich. Dann kamen alle die Kinder, eins nach dem andern. Sie hat euch vor Gott getragen, schon ehe ihr geboren wart! Und dann kamen zu den persönlichen Sorgen immer mehr bei ihr die Gebete für die Gemeinde und das Reich Gottes. Immer weiter wurde ihr Herz im Gebet, besonders als sie in ihrer Leidensschule anfing zu lernen. Und das kam schon nach drei Jahren!«

Im Glauben an ihren Gott und Heiland dulden, leiden und tragen – das wurde später das »Hauptgeschäft« im Leben der Pastorin Hahn. In Rauge fing es damit an. Die sonst so frische junge Frau war durch ihr Fußleiden von Kindheit an behindert. Im Sommer stellten sich ganz entsetzliche Nierenkoliken ein. Die Anfälle wiederholten sich, wenn auch nicht in der gleichen Stärke wie beim erstenmal. Sehr verhängnisvoll war ein unglücklicher Sturz, bei dem der Knochen des Oberschenkels im rechten Bein durchbrach und die Verletzte auf ihr gebrochenes Bein zu liegen kam. Das geschah etwa zwei Monate vor der Geburt einer Tochter! Von dieser Zeit mußte Lalla sechs Wochen liegen in der denkbar ungünstigsten Lage und mit allen nur möglichen Schmerzen! Es flossen viele Tränen in den Nächten, aber keine Klage war zu hören, am wenigsten die Frage, warum Gott ihr gerade in dieser Zeit solch ein Leiden schicke. Ihr Mann sagt: »27 Jahre war Lalla, als die große Schule des Leidens begann, die volle 27 Jahre anhalten sollte. Aber schon am Anfang ihres Leidensweges wurde sie zur erprobten Dulderin. Und die Kraft dazu hat sie sich in zahllosen dunklen Nachtstunden im Gebet erfleht.«

Hören wir jetzt von der Geburt des Kindes, das die Mutter unter so schweren äußeren Umständen unter ihrem Herzen trug: »Es war uns beiden klar, daß nach dem schweren Unfall Lalla ihre Stunde nicht auf dem Lande in Rauge, fern von ärztlicher Hilfe, abwarten durfte. Schweren Herzens entschlossen wir uns zur Fahrt nach Dorpat, die auf den 23. Juli 1878 festgesetzt wurde. Alles war vorbereitet, die Sachen gepackt und auf dem Wagen verladen, der sie durch die Nacht nach Dorpat bringen sollte. Am andern Morgen wollten wir die Reise antreten. Da traten am Nachmittag die ersten Anzeichen auf. Keine Helferin war im Hause, kein Arzt in der Nähe. Eine alte Bäuerin und die Frau unseres Küsters die einzige Hilfe. Der Kutscher fuhr fast mit der Geschwindigkeit eines Autos zur Stadt; Telefone gab es noch nicht. Gott gab Lalla und mir ganz ruhige Herzen. Und siehe, schon nach zweieinhalb Stunden grüßte uns die helle Stimme unseres ersten Töchterchens. Wie froh und dankbar waren wir, nun auch ein Mädchen zu haben! Der himmlische Vater hatte nach all den schweren Leiden des Sommers so leicht über alles hinweggeholfen, und dazu noch zu Hause!«

Es sei abschließend in diesem Kapitel noch auf eine kleine Gruppe von Menschen hingewiesen, die auch zu dem großen Haushalt im Raugeschen Pfarrhaus gehörte. Das waren die Hahn als Gehilfen in der großen Gemeinde an die Seite gegebenen Vikare. Dazu kamen Kandidaten und Studenten, die zur Vorbereitung auf ihr Examen, zur Erholung oder aus andern Gründen sich eine Zeitlang in Rauge aufhielten. Sie wurden leiblich von Frau Rosalie betreut, manchmal auch geistlich und seelsorgerlich. Sie wurden liebevoll und offenherzig auch auf bei ihnen sich zeigende Fehler hingewiesen. Unrecht ließ ihnen Lalla nicht durchgehen. Pastor Hahn fiel es schwer, notwendige Rügen auszusprechen. Da war ihm die Offenheit seiner Frau eine große Hilfe. Darin verbanden sich Wahrhaftigkeit und Liebe. Manchmal konnte sich ihre Liebe zur Gerechtigkeit bis zu Schroffheit und Härte steigern. Ihr Urteil konnte ungerecht werden, aus der Besorgnis heraus, der sittliche Ernst könne Schaden leiden. Wenn sie sich aber gelegentlich zur Heftigkeit hinreißen ließ, dann bat sie jedesmal noch am selben Tage oder sogar in derselben Stunde aufrichtig um Verzeihung.

Einer dieser Bewohner, der mit besonders großer Verehrung an der jungen Pfarrfrau hing, nannte sie gern den »Bischof«. Von Traugott Hahn sagte er, er sei der Pastor von Rauge, seine Frau aber der Bischof. Dieser kommentierte den Namen so: »In diesem im Scherz geprägten Namen lag doch tiefer Ernst, Ernst der Verehrung und der herzlichsten Dankbarkeit, Ernst der treffendsten Erkenntnis und des Verständnisses für die große Bedeutung, welche Lalla für mein Leben, für das Leben der Gemeinde und auch für das eigene Leben des jungen Mannes hatte. Und es war dies nur die Anerkennung ihrer großen geistlichen Bedeutung für alle Menschen, welche in nahe Berührung mit ihr traten. Man konnte nicht unbeeinflußt von ihr bleiben.«

Die Dulderin von Reval

Hahns waren gern in Rauge. Gott schenkte Traugott viel Segen und Frucht in seiner Tätigkeit als Verkündiger und Seelsorger. Viele Menschen erwachten zu einem persönlichen Heilsglauben an Jesus, den Sünderheiland. Zwar ging die Arbeit in der 14 000 Glieder umfassenden Gemeinde oft an die Grenzen der Kraft und darüber. Aber deswegen hätte Hahn die Gemeinde nicht verlassen. Wieder ging es um Lalla. Die Geburt von sechs Kindern, deren Pflege und Erziehung, der große Pfarrhaushalt mit Garten und Landwirtschaft, dazu mehrfache schwere Krankheits- und Leidenszeiten – das alles hatte Lallas gesundheitliche Kräfte so erschüttert, daß ihr das Leben auf dem Lande nicht länger zuzumuten war. Im Januar 1886 traten Herzanfälle auf. Darin erblickte Hahn die Erlaubnis, ja das Gebot von Gott her, sich um die Berufung an eine Stadtgemeinde zu bemühen.

Diese Gemeinde fand er in Reval, der Hauptstadt Estlands, der damaligen russischen Ostseeprovinz, an der Olai-Kirche. Als er im Sommer 1886 dort einzog, hatte er ein ähnlich gutes Gewissen wie einst, als er Wolde auf der Insel Ösel mit Rauge vertauschte: »Es handelte sich um Lallas Leben, welches ich für mich und unsere Kinder zu erhalten als meine allererste und allerheiligste Pflicht ansehen mußte. Die Gemeinde konnte durch Gottes Fügung einen frommen, tüchtigen Pastor an meiner Statt erhalten – was auch geschehen ist –, aber mir selbst für mein ganzes Leben, vor allem für mein innerliches Leben und Verhältnis zu Gott, und unseren Kindern war Lalla unersetzlich. Es war mir ganz zweifellos, was ich zu tun hatte.«

Die St. Olai-Gemeinde war eine geistlich sehr bewegte Gemeinde. Sie hatte erweckliche Aufbrüche erlebt und hatte in ihrer Mitte viele lebendige Gemeindeglieder mit persönlichem Heilsglauben, die in der Bibel gegründet waren und betenden Umgang mit dem Herrn hatten. Zweimal rief Hahn den bekannten deutschen Evangelisten Elias Schrenk nach Reval, damit er dort mit am Netz des Evangeliums zöge. Politisch wurden die Zeiten immer unruhiger. Die russische Zentralregierung in St. Petersburg (heute Leningrad) begann, die deutsche Sprache und Schule, die seit Jahrhunderten in den Ostseeprovinzen des Zarenreiches bevorrechtet war, in massiven Russifizierungsbemühungen immer mehr zurückzudrängen. Vor allem die deutsche Landesuniversität Dorpat mit ihrer theologischen Fakultät war zunehmendem Druck ausgesetzt. Dazu kamen nationale und soziale Unruhen seitens der Esten, die mit militärischen Machtmitteln blutig unterdrückt wurden. Dies soll hier nur beiläufig erwähnt werden, um die immer mehr erschwerten Verhältnisse erkennen zu lassen, unter denen Hahn seinen 33jährigen Pfarrdienst in Reval tat.

Von ihm selber sei noch so viel erwähnt, daß er gegen Ende des Ersten Weltkriegs nach Sibirien verbannt wurde und Ende 1918 die baltische Heimat für immer verließ, weil unter der bolschewistischen Herrschaft, die inzwischen über Rußland hereingebrochen war, sein Leben bedroht war. In Deutschland tat er noch jahrelang Reisedienst als Evangelist und war auch schriftstellerisch tätig. Er starb 1939 im hohen Alter von fast 91 Jahren.

Doch ist es ja nicht Traugott Hahn, der im Mittelpunkt unserer Darstellung steht, sondern seine Lebensgefährtin. Wenden wir uns also wieder Lallas Weg und Geschick zu! Es ist der Weg einer Dulderin und Leidensträgerin, die in Glauben und Harren der Ewigkeit entgegenreifte. Hören wir ihren Mann:

»Im Winter 1894/95 trat bei Lalla ein Leiden auf, das ihr namenlos schwere Stunden und Jahre gebracht hat. Nach einem verhältnismäßig leichten Lungenkatarrh durch eine Erkältung war ein Husten zurückgeblieben, der nicht weichen wollte. Allmählich wurden die Hustenanfälle immer qualvoller und schwerer, anfänglich noch in sehr langen Pausen. Nach Erstickung aussehende Beängstigungen traten ein, weil Lalla den Schleim nicht aushusten konnte. Erst nach Jahren haben die Ärzte erkannt, als es schon zu spät war, daß dieser quälende Zustand mit dem zunehmenden Gichtleiden in Verbindung stand. Das eine Stimmband war durch gichtische Ablagerungen gelähmt, so daß es beim Husten sich nicht bewegte und keine genügende Öffnung der Luftröhre zum Aushusten gestattete. Infolgedessen sammelte der Schleim sich an, bis er unter schwersten, fast erstickenden Atemnöten herausgeschleudert wurde. Es war im Mai 1895, als dieses Leiden eine solche Form annahm.

Im Januar 1897 war es zu einer solchen Höhe gestiegen, daß augenscheinlich das Leben gefährdet war. Die Ärzte rieten am 4. Februar zu einer Operation zur Öffnung der Luftröhre (Kehlschnitt). Behoben wurde das Leiden freilich nicht, aber etwas erleichtert. Die Eitermassen erneuerten sich fort und fort in einem in der Lunge durch die Stauung des Schleimes gebildeten Sack, aus welchem ganz unglaubliche Mengen von Eiter Tag und Nacht durch den Husten ausgeworfen wurden, noch beinahe sieben Jahre. Aber sieben Jahre dieses für uns, meine Kinder und mich unschätzbaren Lebens sind durch die Operation geschenkt worden.«

In diesen Jahren konnte Rosalie Hahn – längst fest an ihren Rollstuhl gefesselt – miterleben, wie zwei ihrer Kinder ihren eigenen Hausstand begründeten. Als erste tat das im Elternhaus die Tochter Emmy. Sie heiratete einen Freund ihres Bruders Traugott, des ältesten unter den Hahnschen Kindern. Traugott selber trat ein Jahr später in den Ehestand. Er war Hilfsprediger seines Vaters in der St. Olai-Gemeinde in Reval gewesen und dann an die Universitätskirche in Dorpat berufen worden. Er machte sich dort bald als vollmächtiger Prediger und als bibelgläubiger, seelsorgerlich ausgerichteter Professor für praktische Theologie einen Namen. Sein Leben und Dienst endete früh im Märtyrertod, den er am 14. Januar 1919 durch die Kugeln der Bolschewisten erlitt.

In der Zeit, als ihr Ältester neben dem Vater im Gemeindedienst stand, war es für die kranke Mutter eine große Freude, daß er sie immer wieder in ihrem Rollstuhl aufsuchte und an seinen ersten Erfahrungen im Amt teilnehmen ließ. Eine bessere Zuhörerin und treuere Beterin konnte er nicht finden. Er legte ihr seine Predigtentwürfe vor und ließ sich von ihr beraten. Schon damals beschäftigte er sich mit wissenschaftlichen Arbeiten. Auch diesen brachte die Mutter reges Interesse entgegen. Bei seiner Trauung in der St. Olai-Kirche durch den Vater war sie bewegten Herzens zugegen. Der Schwiegertochter Anny Zur Mühlen legte sich in jener feierlichen Stunde die Verantwortung, die ihr als Frau eines Pfarrers fortan auferlegt war, so mächtig auf die Seele, daß sie die Tränen nicht zurückdrängen konnte. Wohin ging sie? Zu Lalla im Rollstuhl. Dort weinte sie sich aus, und dort empfing sie ein segnendes, mutmachendes, tröstendes Wort.

Als die ersten beiden Enkelkinder geboren wurden, konnte Lalla das Söhnchen ihrer Tochter Emmy noch auf dem Schoß halten. Traugotts und Annys erstes Töchterchen erblickte in Dorpat das Licht der Welt. In Liebe und Fürbitte dachte die Schwerkranke zu ihrem zweiten Enkelkind herüber.

Wer ist berufener als der liebende Gatte, Lallas Heimgang zu schildern? Hier ist sein Bericht: »Im Jahre 1904 brach der Russisch-Japanische Krieg aus. Auch unser Sohn Hans, Student der Medizin, stellte sich für eine Sanitätskolonne zur Verfügung und zog in den Fernen Osten hinaus. Vom Kriege schweige ich hier. Lalla war mit dem ganzen Herzen nicht nur bei ihrem Sohn auf dem Kriegsschauplatz, sondern auch bei vielen jungen Bekannten, die im Heer und bei der Flotte dienten. Obwohl ihre eigenen Leiden von Woche zu Woche stiegen und ihre Kräfte sichtlich in immer wiederkehrendem Fieber sanken, hat sie in dieser Zeit in ganz besonderer Weise die Fürbitte geübt, welche in den Jahren ihrer Leiden immer mehr die vielen schlaflosen Stunden der Nacht ausfüllte.

Von Anfang Dezember an wußten wir es, daß es nur noch Tage, wenn nicht gar Stunden seien dieses teuren Lebens, die uns gehörten. Niemand von uns allen wagte um die Erhaltung oder Verlängerung ihres Lebens zu beten, nicht nur, weil ihre Schmerzen und Leiden aufs höchste gestiegen waren, verbunden mit qualvollen Herzschwächen und Empfindungen von Sterbensnot. Sie selbst hatte eine tiefe Sehnsucht heimzugehen, nicht allein um von ihren Leiden erlöst zu sein, sondern vor allem, um bei ihrem Heiland zu sein. Sie sprach es noch ganz kurz vor dem Ende aus: ›Es ist so schön, bei euch allen zu sein, und ich bliebe so gern bei euch. Aber wir wollen es ganz in des Heilandes Hand legen.‹

Schon einmal an einem Abend wurde ich von einer Weihnachtsfeier eilend nach Hause gerufen, weil das Ende zu kommen schien. Wir sangen auf ihren Wunsch ihre Lieblingslieder. Ihre kleine Tochter Margarete, zwölf Jahre alt, konnte sie uns alle nennen. Sie war, wenn alle am Sonntag in die Kirche gingen, immer bei ihrer kranken Mutter zu ihrer Pflege und zum Vorlesen. Und sie mußte ihr immer wieder alle die Lieder vorsingen, welche die Mutter liebte. Sie wußte von uns allen es am allerbesten. Einzelne Worte der Heiligen Schrift, von denen ich wußte, daß sie Lalla ganz besonders trostreich waren, sprach ich ihr zu. Dann beteten wir. So warteten wir auf das Scheiden. Der Puls war nicht mehr fühlbar. Aber das Herz begann wieder zu arbeiten, und es dauerte noch zwei lange, schwere Tage.

Am Morgen des 23. Dezember wurde es aber ganz klar, daß die letzte Stunde eilend herankam. Den ganzen Tag waren wir in ihrer Nähe, wenn auch nicht alle im selben Zimmer, um ihr die Luft zum Atmen nicht zu nehmen. Ich saß an ihrem Fahrstuhl. Die Hände waren schon um 8 Uhr ganz kalt, ebenso die Stirn. Das Bewußtsein schien zu schwinden, sie gab kein Zeichen des Verstehens mehr. Aber das war nur Schein. Nach 9 Uhr hob sie ihre Schultern zweimal hoch in die Höhe. Es wurde uns klar, sie wollte gehoben werden. Und als wir sie hoben, brach noch einmal ein ganzer Strom von zersetztem Schleim aus der Kanüle hervor, immer neue Mengen. Da bekam sie Erleichterung für die letzten Viertelstunden. Um halb 10 Uhr sah ich, wie die Schatten des Todes sich auf ihr Gesicht legten. Ich rief eilend die Kinder, die im Nebenzimmer waren. Noch einmal öffnete sie die Augen, schaute uns an, und dann brach das Herz.

Wir alle konnten nur aus tiefstem Herzen danken, zuerst dafür, daß die langen, langen, schweren Leidensjahre zu Ende gegangen waren und die große, selige Ewigkeit ihre Seele aufgenommen hatte. Dann dankten wir für alles, was Gott uns durch sie gegeben hatte, und baten, er möge uns allen helfen, diesen Segen zu bewahren und ihrem Vorbilde nachzufolgen.

Als wir dann den lieben, gebrochenen Leib auf das Bett gelagert hatten, saßen wir rund um sie her. Kein Grauen des Todes rührte uns an. An diesem Leidensleben mit seinem tiefen Glauben, an diesem Sterben, das ein allerletztes Überwinden und Siegen war, hatte der Tod für uns seine Schrecken und seine Macht verloren. Wir hatten vielmehr die Empfindung, daß Christus, der Auferstandene und Sieger, in dem Leiden und Sterben dieses seines Kindes sich verherrlicht hatte.

Lalla blieb auf ihrem Bett liegen bis zum Tage des Begräbnisses. Um das Bett herum waren Weihnachtsbäume gestellt, schöne Tannen, auf welchen am nächsten Abend, dem Heiligen Weihnachtsabend, die Lichter brannten, während wir alle die Weihnachtslieder miteinander sangen, wie wir es immer in der Advents- und Weihnachtszeit getan hatten, an denen sie sich immer so gefreut hatte. Das war unsere Weihnachtsfeier im Jahre 1904.«

»Mehr als hundert Predigten«

Am Abend vor dem Begräbnis, das nach den Weihnachtstagen stattfand, versammelte Traugott Hahn seine Kinder mit einem Kreis von Gemeindegliedern zu einer stillen Feier. Dabei zeichnete er den Kindern ein Bild des Lebens und Wesens ihrer teuren Mutter. U. a. erwähnte er einen Mann, der die Leidende besucht und eine halbe Stunde mit ihr gesprochen hatte. Dieses Zusammensein hatte ihn so tief beeindruckt, daß er ergriffen sagte: »Herr Pastor, das ist mehr als hundert Predigten von Ihnen, was ich jetzt gesehen habe.« Was hatte er denn gesehen? Einen Menschen, an dem sich das erfüllte, was der Apostel Paulus in 2. Korinther 4, 16 in die Worte faßt: «Ob unser äußerlicher Mensch verdirbt, so wird doch der innerliche von Tag zu Tag erneuert.« Diesen »innerlichen Menschen« ihrer Mutter hat Vater Hahn seinen Kindern in jener stillen Stunde vor die Seele gestellt. Wir bringen aus seiner längeren Schilderung einige Auszüge und nehmen damit zugleich Abschied von Rosalie Hahn:

»Ich habe in 33 Jahren nicht ein einziges Wort der Klage gehört aus dem Munde eurer Mutter über ihr Leiden. Ich habe wohl hin und wieder stille, leise Tränen fließen sehen, wenn es sehr schwer war, aber nie klagen gehört. Täglich hat sie sich neue Kraft im Gebet geholt, um die Aufgabe zu vollenden, die Gott ihr nach seinem Rat zu erfüllen gegeben hatte: zu leiden zu seiner Ehre. Es ist ihr das immer klarer geworden, daß Gott ihr das zur Aufgabe gemacht hatte, und so hat sie sich in seinen Willen gegeben und hat es getragen . . .

Es ist vielleicht bei wenigen so das Bewußtsein für den Zuschauenden lebendig geworden von dem Unterschied des äußerlichen Menschen und des inwendigen Menschen: wie der äußere Mensch immer elender wurde und der inwendige Mensch lebte von der Kraft, die nicht im Leibesleben war, von der Kraft des lebendigen Gottes. Und wir haben, liebe Kinder, besonders an diesem letzten Sterbebett, bei den letzten Leiden, wohl die Empfindung gehabt, daß Gott bis zum Reifwerden sein liebes Kind nach dem inwendigen Menschen erneuert hat. Und dieser inwendige Mensch, das war es, was wir geliebt haben. Ach, wir haben auch die liebe gebrechliche Hülle geliebt, und wir schauen sie noch an mit tiefer, inniger Liebe. Aber was uns diese Hülle so liebgemacht hat, das war der Geist, der in dieser Hülle lebte . . .

Das Wort unseres Herrn Jesus: ›So jemand unter euch will gewaltig sein, der sei euer Diener; wer da will der Vornehmste sein, der sei euer Knecht; gleichwie des Menschen Sohn nicht gekommen ist, daß er sich dienen lasse, sondern daß er diene‹ – ist an eurer Mutter zur Erfüllung gekommen. Darum ist es wahr, was am Tage nach ihrem Heimgang ein Mann hier aussprach: ‹Es ist wohl vielleicht einzig, daß ein so gebundener Mensch eine so große, unausfüllbare Lücke zurückläßt.‹ Auch im Leiden suchte sie nur andern, uns allen und so vielen, vielen andern zu dienen . . . Sie liebte jeden Menschen, mit dem sie persönlich in Berührung trat. Sie ist nie ›höflich‹ gewesen gegen Menschen, aber sie liebte jeden. Sie liebte jeden mit solchem Verständnis für seine Eigenart, daß in diesen Tagen mir viele gesagt haben, sie hätten immer die Empfindung gehabt, sie seien bevorzugt vor andern. Sie kam eben immer jedem mit ganzem Herzen entgegen . . .

Es war ihr unmöglich, wenn sie an einem Menschen irgendeinen Mangel, einen Fehler, ein Unrecht sah, ihm das nicht zu sagen. Sie hat euch, liebe Kinder, ebenso wie mir den allergrößen Dienst in unserm Leben damit erzeigt, daß sie nie unsere Sünden geschont hat. Aber das darum, weil sie gegen sich selbst auch so lauter und wahr war, und weil sie es verlangte, daß man ihr auch ihre Sünde sagen sollte, und sie war nie gekränkt darüber, wenn man ihr ein Unrecht und eine Sünde zeigte. Ich habe wenige so wahrhaftige Menschen gesehen, so lautere, ohne eine Spur von Menschenfurcht, weil sie so viel Liebe hatte. Es mag mancher das als etwas Scharfes in ihrem Wesen angesehen haben; aber die allermeisten haben es empfunden als einen ganz besonderen Segen . . .

Das innere Leben war herausgewachsen aus *einer* Wurzel, nämlich aus dem Glauben an ihren Heiland. Das war Glaube im Sinne persönlicher Lebensgemeinschaft mit dem Herrn Jesus, unbedingtes Vertrauen zu seiner Liebe und der Liebe Gottes. Es war rührend, wie kindlich sie ihm alles sagen konnte, wie kindeseinfältig sie sich an sein Herz legen konnte mit ihren Schmerzen und Sorgen. Im Gebet hat sie mit ihm alles durchgelitten und durchgekämpft, und darum war es ihr Lieblingswort aus der Heiligen Schrift: ›Ich lasse dich nicht, du segnest mich denn.‹ Und das zweite Lieblingswort war jenes Wort des Heilandes: ›Solches habe ich zu euch geredet, auf daß ihr in mir Frieden habt. In der Welt habt ihr Angst, aber seid getrost, ich habe die Welt überwunden!‹ Ich habe unzählige Male dieses Wort von ihren Lippen gehört: ›Seid getrost, ich habe die Welt überwunden . . .‹

Sie konnte lange, lange Zeit nicht einen Finger selbst bewegen. Sie konnte ihre Füße nicht um einen halben Zoll weit in eine andere Lage bringen. So wie man sie ins Bett legte, lag sie bis zum Morgen. Ich habe mich oft gewundert: Wenn des Morgens der

Leib müde war vom Wachen und von Schmerzen und sie gern in eine andere Stellung gekommen oder aus dem Bett gehoben worden wäre, wenn dann die Mägde keine Zeit hatten zum Helfen, dann lag sie ruhig ohne Seufzen noch eine Viertelstunde und länger, ohne ein Wort des Vorwurfs. O, diese wunderbare Geduld mit den Menschen, auch mit den Gebrechen, den Mängeln der Menschen (jedoch nicht ihren Sünden, ihrem offenbaren Unrecht)! Wie beschämend soll uns das sein, liebe Kinder, wenn im Leben die Ungeduld über uns kommen will. Laßt uns dann immer wieder denken an unsere liebe Mutter, wenn wir ungeduldig werden im Leiden und mit den Menschen! . . .

Gott verteilt die Leiden nicht gleichmäßig, sondern er legt einem Glied oft das Zehnfache, das Hundertfache von dem auf, was ein anderer trägt. Und es kommt dennoch, wenn es mit ihm getragen wird, dem Ganzen zugute. Es wird, wenn es recht getragen wird, zu einem Segen für viele. Ja, es kommt – wie bei eurer Mutter – andern zugute, nicht sündentilgend – das ist Jesu Leiden allein –, aber andere ziehend, aufmunternd, aufrichtend und dazu mahnend, daß wir uns von der Kraft Christi tragen lassen, die im Schwachen so wunderbar mächtig sein kann . . .

Das Leben eurer Mutter ist immer mehr und mehr, von vielen Jahren her, ein Hinausschauen auf die Ewigkeit gewesen; nicht in dem Sinne, daß sie nur sich sehnte und seufzte wegzukommen. Sondern darum ging es ihr, zu leben und zu arbeiten für die Ewigkeit, euch Kinder zu erziehen, mir beizustehen im Trachten nach der Ewigkeit. Sie war treu in ihrem Hause bis ins Kleinste hinein. An ihren Stuhl gefesselt, wußte sie von jedem Stück im Hause; aber diese wunderbare Treue hatte sie in noch höherem Maße für das Ewige, immer bei der Erziehung von dem einen Gedanken erfüllt, euch für die Ewigkeit zu erziehen und bereit zu machen. Sie war ein Mensch, der auf die Ewigkeit hinausschaute, unablässig, aber so, daß daraus die volle Tatkraft fürs irdische Leben erwuchs . . .

Nun hat der Heiland die geliebte Mutter in die Herrlichkeit der Ewigkeit hinübergebracht. Wodurch ist sie dahingekommen? Durch das, was sie war? Was sie selbst darüber dachte, hat sie darin ausgedrückt, daß sie in jener ersten Nacht, wo wir glaubten, daß das Ende da sei, *ein* Wort sich unablässig vorsagen ließ:

Christi Blut und Gerechtigkeit,
das ist mein Schmuck und Ehrenkleid.
Damit will ich vor Gott bestehn,
wenn ich zum Himmel werd eingehn.

Als ich dieses Wort im Gebet anwandte und sagte: ›Lieber Heiland, wir haben nichts als dein Blut und dein Verdienst allein‹, da sprach sie selbst: ›nichts, gar nichts anderes!‹
Liebe Kinder, ihr seid begnadigt worden vor vielen, daß ihr diese Mutter gehabt habt. Und wenn andere gemeint haben, unser Haus sei vielleicht vom Schatten der Leiden düster, ich meine, liebe Kinder: Um alles Glück und alle Freude der Welt würden wir nicht hingeben, was wir gehabt haben an unserer lieben, teuren Mutter als der Kreuzträgerin und Leidenden. Und darum laßt uns bewahren, was unser gewesen ist. Laßt uns beten, daß es uns bleibe und daß der Heiland uns helfe, daß wir alle einst mit ihr vereinigt werden vor seinem Thron.«

Marie Hesse

1842–1902

Ein berühmter Sohn

Die Frau, von der auf den folgenden Seiten erzählt wird, ist die Mutter des Dichters und Nobelpreisträgers Hermann Hesse. Sie, eine schwäbische Pietistin, hat ihre zahlreichen Kinder mit viel Liebe, Fürsorge und Fürbitte umgeben. Gerade auch Hermann, der begabte, gefährdete und später so berühmte Sohn, hat solches zu spüren bekommen. Darüber werden wir im Verlauf unserer Darstellung einiges hören. Er hat auch seinerseits an der Mutter mit großer Liebe gehangen, wenn er ihren Weg des biblischen Glaubens auch nicht mitgegangen ist.

Marie Hesse hat ihr Leben hindurch gern geschrieben: viele Briefe und ein ausführliches Tagebuch. Daraus werden wir eine Reihe von Auszügen bringen.

Als Missionarskind von den Eltern getrennt

Marie Gundert – so der Mädchenname – wurde am 18. Oktober 1842 in Talatscheri an der Malabarküste (Südwest-Indien) geboren. Ihr Vater, Dr. Hermann Gundert, war Missionar der Basler Mission und ein bedeutender Sprachkenner, der eine Reihe von schwierigen indischen Sprachen und Dialekten beherrschte. Die Mutter stammte aus der französischen Schweiz, war ebenfalls als Missionarin nach Indien gegangen und dort als Lebensgefährtin und Mitarbeiterin an die Seite Hermann Gunderts getreten.

Marie war noch keine drei Jahre alt, da reisten die Eltern mit ihr und drei weiteren Geschwistern nach Europa. Vater und Mutter brauchten gesundheitliche Erholung und Kräftigung nach anstrengendem Missionsdienst, und die Kinder sollten Erziehung und Schulausbildung in der schwäbischen und schweizerischen Heimat der Eltern erhalten. Marie kam zu einem Doktor Ostertag in Basel, einem reichen, frommen und liebevollen Mann. Dieser war ein großer Missionsfreund, hatte die Aufsicht über ein kleines Missionarskinderheim und bot samt seiner gleichgesinnten Frau gern einigen von ihren Eltern getrennten Missionarstöchtern ein warmherziges Zuhause. Der Aufenthalt in der Stadt wurde – besonders in den Sommermonaten – mit überaus glücklichen und abwechslungsreichen Wochen auf dem reizenden Ostertagschen Landgut Gundeldingen in der Nähe von Basel vertauscht.

Eine große Liebe zu Gottes schöner Natur mit ihren Bäumen, Blumen und Tieren erwachte früh in Maries Seele. Bald stellte sich auch das erste Verslein ein, das eines Tages an einem einsamen Plätzchen im Walde, während die Vöglein in den Zweigen sangen und es durch die Blätter rauschte und säuselte, aus einem übervollen Kinderherzen sprudelte. An die Eltern im fernen Indien dachte die Tochter nicht viel. Sie nannte ihre Pflegeeltern nicht »Onkel« und »Tante«, sondern »Papa« und »Mama«.

Einer Vertreibung aus dem Paradies kam es gleich, als eine neue, unwahrhaftige und bösartige Lehrerin an die kleine Missionskinderschule berufen wurde. Sie konnte vor den Leuten – besonders vor dem ahnungslos vertrauenden Herrn Ostertag – sich fromm und liebreich geben. Im Umgang mit ihren Pflegebefohlenen aber benahm sie sich oft überaus herzlos und grausam, log und verführte die Schülerinnen zum Lügen. Sie brachte ihnen leichtfertige Lieder und Redensarten bei. Zum Glück wurde das alles nach einiger Zeit entdeckt, es hatte aber schon mancherlei Schaden im Kreis der Kinder angerichtet. Die Lehrerin wurde entlassen.

Als Marie zwölf Jahre alt war, endete die aufs ganze gesehen schöne und sorglose Zeit in der Schweiz für sie. Ihr neues Zuhause wurde das als besonders streng bekannte »Töchterinstitut« in Korntal bei Stuttgart. Dort verging sie zunächst fast vor Heimweh nach den Pflegeeltern Ostertag und weinte oft herzzerreißend. Dann aber fand sie eine schwärmerisch verehrte Freundin in einer »Institutstochter«, die aus Rußland stammte und einige Jahre älter als sie war. Sie war ihr geradezu verfallen.

Diese Olga wurde nun dabei ertappt, daß sie mit einem jungen Baron vom »Knabeninstitut« ein heimliches, verbotenes Verhältnis unterhielt. Das wurde ihr strengstens verboten. Sie schrieb aber weiter Gedichte und Briefe für ihn, und Marie Gundert gab sich dazu her, diese dem Angehimmelten auf manchmal abenteuerlichen Wegen zu überbringen. Dabei ging es nicht ohne Verstellung und Lüge ab. Olga wurde von der Schule verwiesen. Marie versuchte, weiterhin mit ihr Verbindung zu halten. Gut, daß alles verraten und offenbar wurde! Hören wir, wie Gottes Gnade der mit der Sünde gefährlich spielenden Zwölfjährigen zurechthalf:

»O, es war eine böse Zeit. Mit Gott und Menschen haderte ich.

Doch Gott in seiner Gnade ließ mich nicht ganz sinken. Er stellte mir eine treue, mütterliche Freundin an die Seite, Fräulein Sophie Mayer, meine Lehrerin. Ach, mit wieviel Geduld hat sie das unartige, verstockte Kind an sich gelockt und dann das kleine Herz, das sich in bitterer Enttäuschung und Hoffnungslosigkeit ganz verschließen wollte, mit dem wunderbaren Schlüssel der Liebe aufgeschlossen! Und noch eine edlere, reinere, haltbarere Freundschaft als die für Olga schloß ich mit Julie Weidlich, einem stillen, reichbegabten, frommen Mädchen. Es ist mir heute noch ein Rätsel, wie wir zusammenkommen konnten, und es wunderte sich jedermann über sie und mich. Diese beiden schenkte mir Gott. Beide liebten mich und trugen mich auf betendem Herzen.«

Maries »Untaten« waren von der Institutsleitung in Korntal den Eltern in Indien ausführlich mitgeteilt worden. Diese kamen dadurch in große Sorge um ihr Kind und waren der Meinung, daß dieses in einer neuen schlichten, bäuerlichen Umgebung eine bessere innere und äußere Entwicklung nehmen würde als im vornehmen Korntaler Institut. Sie dirigierten die Dinge von Indien her so, daß Marie nach Corcelles in die französische Schweiz, die Heimat ihrer Mutter, kam. Dort nahmen sich zwei etwas altmodische, aber sehr liebevolle und fromme Tanten ihrer jungen Nichte an. Doch wohnte Marie nicht bei ihnen, sondern beim Schulmeister des Dorfes, der ihr Unterricht geben sollte.

Mit diesem Unterricht war es jedoch nicht allzuweit her. Monsieur Jaquet hatte in der Ehe und Familie, in der seine Frau die unbestrittene Herrscherin war, nicht allzuviel zu sagen. Er gab treu seinen Unterricht in der Dorfschule und war im übrigen sehr mit Arbeiten in Haus, Garten und Weinberg ausgelastet. Seine Schülerin Marie rief er oft erst abends um 9 Uhr zum Unterricht. Dann war diese, die den Tag über Madame Jaquet als Kinderbetreuerin und Mädchen für alles zur Hand gegangen war, meistens rechtschaffen müde und nicht mehr sehr lernfähig. Ihrem Lehrer ging es nicht viel anders, er schlief oft über dem Diktieren ein. Als erfreuliches Ergebnis aus dieser Zeit ist jedoch zu vermelden, daß Marie sehr gut französisch sprechen lernte. Bei einer lieben alten Lehrerin in einem Nachbarort konnte sie auch einige englische Stunden nehmen, so daß sie auch in dieser Sprache Fortschritte machte.

Und dann kam eine unerwartete, glückliche Stunde, in der Marie vor Freuden laut weinte: Der Postbote brachte einen Brief von den Eltern aus Indien. Darin stand, daß sie zu ihnen zurück dürfe! Das alles in allem nicht ganz leichte Jahr in Corcelles hat Marie später aber doch nie bedauert und betrauert. Sie hat darin in schlichter, praktischer Alltagsarbeit im Haushalt und bei kleinen Kindern zupacken gelernt. Das ist ihr in ihrem späteren Leben sehr zugute gekommen.

Wieder in Indien

»Bombay« hieß das Schiff, auf dem Marie Gundert im Dezember 1857 inmitten einer größeren Gruppe von Missionaren nach Indien segelte. Auf dieser Reise verliebte sich ein junger Engländer in die Fünfzehnjährige und sie sich in ihn. Gespräche, Händedrücke, Briefe, Gedichte – dabei blieb es. Nicht einmal ein Kuß wurde getauscht. Für ein bleibendes Verhältnis, eine dauerhafte Lebensverbindung war es natürlich viel zu früh. Marie hat aber viel Zeit gebraucht, und es hat sie einige innere Kämpfe gekostet, bis sie die geschilderte Episode in ihrem Leben, deren sie sich übrigens nie geschämt hat und auch nicht zu schämen brauchte, überwunden hatte.

Das Wiedersehen und die erste Zeit des neuen Zusammenlebens mit den Eltern war für Marie noch etwas überschattet von dem, was ihr auf der »Bombay« widerfahren war. In einer späteren biographischen Rückschau sieht sie sich in jener Zeit »mit einem armen, ruhelosen Herzen, in das der Strahl ewiger, seligmachender, Erbarmen schenkender Gottesliebe noch nicht gefallen war.«

Es kam der 24. Februar 1858. Da hatte Marie eine bedeutsame Begegnung, die ihrem Leben eine neue Richtung gab. Es fiel in ihr ruheloses Herz jener Strahl der Gottesliebe, der sie bisher nicht getroffen und erleuchtet hatte. Auf einer Reise mit ihrem Vater gelangten die beiden nach Kannanur. Dort lebte und wirkte der originellste Missionar, den die Basler Mission in Indien und wohl überhaupt in ihren Reihen gehabt hat: Samuel Hebich. Über ihn gibt es viele Geschichten und Anekdoten, die ihn als einen furchtlosen und stets schlagfertigen Boten des Evangeliums zeigen. Er hat nicht nur unter den Indern, die meist der Hindureligion anhingen, sein Arbeitsfeld gesehen. Er hat sich auch die englischen Offiziere und Soldaten in ihren Garnisonen, welche die britische Herrschaft über das indische Kolonialreich sichern mußten, »aufs Korn genommen«. Ob sie seinen Besuch wollten oder nicht – er erschien oft unangemeldet in ihren Wohnungen. Er war nicht zimperlich und wählte nicht die feinsten Worte, wenn er zu den Leuten über ihre Sünden sprach. Wie konnte er aber auch die rettende Liebe des Heilandes Jesus zart und einladend ausmalen! Viele sind durch ihn für ein neues Leben mit Christus gewonnen worden.

Auch Marie Gundert hat Hebich als ihren »geistlichen Vater« angesehen und geliebt. Was den Verlauf jenes genannten 24. 2. 1858 angeht, so hat sie ihn mit den folgenden Worten beschrieben: »Wir trafen den lieben, lieben Hebich in seinem Schlafrock, seinem großen, ausgebreiteten Hemdkragen, seinem schönen, grauen Bart und seinem ehrwürdigen Gesicht. Seine ganze Erscheinung flößt Ehrfurcht ein, sein Wesen aber ist Liebe und Freundlichkeit. Wir brachten bei ihm einen schönen Tag zu.« Dieser »schöne Tag« aber hatte darin seine tiefe und bleibende Bedeutung, daß Marie sich unter dem Einfluß von Samuel Hebich für ein Leben der Nachfolge Jesu entschied und fortan ihre jugendliche Kraft Gott und dem Bau seines Reiches auf Erden weihen wollte. Damit begann keine Zeit voll von lauter strahlender Sieghaftigkeit. Marie seufzte noch oft, daß sie ihrer Berufung nicht treu genug, daß sie nicht göttlich genug gesinnt sei. Aber ihr Leben hatte nun doch die Richtung und den Auftrag gefunden, die bestimmend waren und blieben.

Hebich war ihr fortan ein weiser und gütiger Beichtvater und Seelsorger. Das bis dahin oft gespannte Verhältnis zu ihren Eltern – mit dadurch veranlaßt, daß der Vater ihre »erste Liebe« als sündig getadelt hatte – entkrampfte sich. Die Herzen fanden zueinander in der Liebe zu Jesus und zur Mission. Marie wurde dem Vater eine treue und willkommene Helferin in der Schularbeit. Sie mühte sich sehr um die braunen Kinder, und diese liebten ihre Lehrerin schwärmerisch.

»O Tage unendlicher Wonne!«

Vater Gundert mußte im Frühjahr 1859 aus Gesundheitsgründen seinen Missionsdienst in Indien aufgeben und kehrte für immer nach Deutschland zurück. Die Familie nahm ihren Wohnort in der Schwarzwaldstadt Calw. Dort lebte und wirkte der bekannte Pfarrer und Missionsfreund Christian Gottlob Barth. Er war ein damals gern gelesener Volksschriftsteller und hatte den heute noch bestehenden »Calwer Verlagsverein« gegründet. Auch als Liederdichter – Hauptthema Mission – ist er bekannt geworden. Seiner Feder entstammen z. B. »Der du in Todesnächten erkämpft das Heil der Welt« und »Zieht fröhlich hinaus zum heiligen Krieg«. Barth unterhielt enge und herzliche Beziehungen zur Basler Mission.

Diese schickte ihren heimgekehrten Missionar Dr. Hermann Gundert nach Calw, damit er dem alternden und kränkelnden Dr. Barth in der Verlagsarbeit helfen solle. (Später ist er sein Nachfolger geworden.) Es wurde ihm gestattet, ein Drittel seiner Zeit indischen Sprachstudien und Forschungen zu widmen. Vor allem wurde ein Lexikon der Malajalam-Sprache – einer der vielen indischen Sprachen – für den Druck vorbereitet. Der überaus gelehrte Gundert, der als Sprachkenner weltweites Ansehen genoß, wollte aber nichts anderes sein als ein bescheidener pietistischer Bruder, der auch jede schlichte Gemeinschafts- und Gebetsstunde zu halten bereit war.

Marie ging dem Vater als eine Art Sekretärin zur Hand. Dieser, der von der ersten verfrühten Liebe seiner Tochter zu dem jungen Engländer John Barns nichts gehalten hatte, brachte jetzt öfter das Gespräch auf den Sohn des ihm befreundeten Missionars Isenberg, der den Vornamen Charles trug. Dasselbe tat auch Mutter Gundert. Beide hatten gehört, daß Charles, der sich auf dem englischen Islington College für den Missionsdienst in Indien vorbereitete, sich für ihre Tochter interessierte. Er hatte Marie bei einem Besuch in Bad Cannstatt gesehen, und sie hatte ihm sehr gefallen. Zu einer näheren Begegnung aber war es damals nicht gekommen. Als eine solche sich dann in Korntal ergab, erging es Marie eigenartig. Hören wir ihre Schilderung:

»Da geht im Eßzimmer eine Türe auf, und wie im Traum sehe ich eine große, hohe Gestalt mit festen, wenn auch nicht gerade schönen Zügen, männlich blondem Bart und treuen, lichten Augen. Gleich wußte ich, daß es Charles sei, und mit einemmal drängte sich mir die Gewißheit auf, daß er mir tief im Herzen liegt und ich ihn liebe.

Ich war bestürzt, bewegt und ruhig zugleich. Wie im Traum reichte ich ihm die Hand zum Gruß. Ich sah und hörte nicht, nur weiß ich gut, daß er mit freudig erstauntem ›ah!‹ mir die Hand bot und ein verklärtes Lächeln über sein bleiches Antlitz flog. Und jenes Lächeln, ach, es drang wie ein sanfter Traum in meine Seele, wie ein Sonnenstrahl tief hinab – ich war glücklich! In dem Lächeln wähnte ich meine Zukunft sich eröffnen zu sehen wie ein Paradies und ein Garten Gottes, wo die Liebe regiert.«

Es vergingen noch zwei Jahre, bis es zur Verlobung kam. Charles mußte sich in der Zwischenzeit intensiv seinen Studien widmen. Als sich die beiden dann endgültig das Ja zum gemeinsamen Lebensweg gaben und auch der Segen der Eltern erteilt war, war Marie überglücklich:

»O Tage unendlicher Wonne, da zwei Herzen sich einander erschließen und finden, daß sie füreinander geschaffen sind, daß eins ins andere hineinpaßt! O Stunden reiner, überströmender Freude, da zwei junge Seelen ineinander hineinschauen, sich ineinander hineinleben, daß nur *ein* Gedanke, *ein* Gefühl beide erfüllt! O selige, himmlische Augenblicke, da zwei im Gebet in eins zerfließen und wissen, daß Gott der Dritte im Bunde ist! Auf welche Höhe der Wonne kann ein junges Herz sich schwingen, welche Fülle, welcher Reichtum von Seligkeit ist in solcher gottgeheiligten, reinen Liebe!«

Glück und tiefes Leid einer jungen Missionarsfrau

Einige Monate nach der Verlobung reiste der Bräutigam Charles Isenberg Ende November 1864 nach Indien aus. Das Wüstenland Sindh (im heutigen Pakistan) sollte sein Arbeitsgebiet werden. In der Stadt Haidrabad nahm er seinen Wohnsitz und fing an, das Haus nett und behaglich zum Empfang seiner Geliebten einzurichten. Am 16. Oktober 1865 traf dann Marie in Indien ein. Am 10. November fand die Hochzeit statt, und zwar im Missionshaus von Talatscheri, wo die glückliche Braut vor 23 Jahren das Licht der Welt erblickt hatte. Groß war die Zahl der weißen und farbigen Gäste, die sich mitfreuten. Die folgenden Worte beschreiben die Empfindungen der jungen Missionarsfrau, als das gemeinsame Leben und Wirken im Sindhlande begann:

»Vor uns lag sie, die wüstenartige, öde Fläche von Sindh, aber das glückliche Herz schlug hoch, und ich wußte nun, daß ich sogar im Wüstensande reich und glücklich sein müßte an meines Charles' Seite. Es war ein Adventsmorgen; wir nahmen es so gerne als ein schönes Anzeichen, daß auch diesem Heidenlande ein Advent anbreche, ja, daß wir vielleicht etwas sehen dürften von den ersten Strahlen des Morgenrotes, das das Kommen des Reiches Gottes in dieser Gegend verkünden würde.«

Bald stellte sich das erste Kinderglück ein. Auch davon lassen wir am besten die junge Mutter selber berichten: »Am 9. September 1866, an einem Sonntag, nach schweren, bangen Stunden, da der Arzt schon mein Leben aufgegeben hatte, schenkte uns Gott unser Söhnlein Theodor. Charles pflegte mich mit der rührendsten Zartheit und Selbstaufopferung und konnte sich an dem Kleinen nicht satt sehen. Dem Bürschlein wurde auch großartig gehuldigt, es kamen alle Freunde und Bekannte mit Liebesgaben und Erfrischungen aller Art. Viele Eingeborene kamen zu gratulieren und freuten sich mit uns. Das Kind gedieh. Zwar mußte es zu meinem großen Leidwesen nach acht Tagen eine Amme haben, doch war das für uns beide das Beste. Mit dieser Amme – der jungen, schönen Sahbkhattu – ward wieder eine Seele uns aufs Herz gebunden. O, wie sehnten wir uns, mit himmlischer Speise und Stärkung dem unwissenden Weiblein zu dienen, wie sie unserm Kinde mit irdischer! – Ich selbst aber war müde und schwach, ich hatte am 9. September gleichsam in die Hölle hineingeschaut und konnte das Leben schwer wieder aufnehmen.«

Einige Wochen später mußte Charles eine Dienstreise nach Bombay unternehmen. Dort überfiel ihn ein heftiges Fieber, er war eine Zeitlang sogar ohne Besinnung. Treue Freunde pflegten ihn Tag und Nacht und versuchten, ihm mit Eisumschlägen, Wickeln und dergleichen zu helfen. Sie hatten fast keine Hoffnung mehr für ihn. Er genas dann aber langsam wieder. Im Rückblick schrieb seine Frau später:

»Von jenem schrecklichen Fieberanfall her datierten all die heftigen, beständig wiederkehrenden Krankheiten, die die junge Kraft in drei Jahren verzehrten. Von dort an war Charles nie mehr gesund, wenn auch zwischenhinein heitere Tage und Wochen kamen und sein dankbarer, fröhlicher Geist sich keineswegs beugen und hinabdrücken ließ von der doch immer langsam zunehmenden Schwäche und Hinfälligkeit des zarten Leibes.

So war das erste, unbeschreiblich schöne Jahr unserer Ehe vorüber, und schon stiegen von ferne die Schatten herauf, die oft meine Seele erzittern machten, die uns aber nur mächtiger, fester zusammenketteten. Als ich Charles nach der Rückkehr von Bombay wiedersah – o, welch ein Anblick! Er war bleich, zum Gerippe abgemagert, noch schrecklich schwach. Doch gottlob, ich hatte ihn wieder. O wie froh war ich an ihm! Ich wollte ihn keine Minute mehr aus den Augen oder von meiner Seite weglassen; mir war's, als könnte er mir genommen werden. Und er! Ach, wie labte er sich daran, Weib und Kind wiederzusehen, nachdem er an des Todes Pforten gelegen und uns im Geiste schon Lebewohl gesagt hatte!«

Die kleine Kraft, die Gott ihm nur gab, wurde von Missionar Isenberg eifrig genützt. Sogar in großer Hitze, als der kühlende Regen länger als sonst ausblieb, war er viel unterwegs und predigte auf dem Markt der Stadt und in den Straßen. Fanatische Mohammedaner, die sich bis zu der Androhung verstiegen, sie würden ihm das Haus über dem Kopf anstecken, machten ihn nicht furchtsam. Es kamen manche Heiden und suchten Gespräche über den christlichen Glauben. Ältere Schüler taten dasselbe. Die Hoffnung wuchs, daß bald die ersten Garben von Gottes Ernte im Sindhland eingebracht würden.

Die Familie wuchs. Am 7. März 1868 wurde der kleine Hermann geboren. Der Vater hatte an ihm viel Freude und Wonne und sang ihm Liedlein in fünf oder sechs verschiedenen Sprachen vor. Die Eltern wurden selber wieder fröhliche Kinder mit ihren Kindern. Wie alle Mütter wußte Marie Isenberg viel von ihren Kleinen zu plaudern oder in Briefen mitzuteilen. Blicken wir ihr ein wenig in einen Brief an ihren Bruder Friedrich, Hermanns Patenonkel, hinein:

»Hermännle ist ein liebes, braves Kind und lächelt bei allem Jammer nach einem schweren Impffieber, so oft er nur irgend kann. Seit seiner Geburt ist er unbestritten ›in die Schöne gewachsen‹, sein Näslein ist gar nimmer zu groß, und überhaupt ist er ein allerliebstes Stücklein Menschheit. Charles behauptet, er habe ihn lieber als Theodor, weil letzterer so ein Schlingel geworden sei. Da nehme ich aber – trotz aller Liebe für Hermännle – stark Partei für meinen erstgeborenen Sohn, der ein gar unschuldiger Schlingel ist. Es ist wohl wahr: Wo etwas zerbrochen oder zerrissen oder verschüttet oder verschmiert ist, da ist die ganze Erklärung: ›Das ist wieder der Theo.‹ Sieht man aber den kleinen Missetäter mit seinen klaren, schuldlosen Augen, da vergeht der Zorn . . .

Ja, es geht oft toll her mit ihm, und des Kindes volles, frohes Lachen tut mir bis in Innerste hinein wohl. Er ist auch bei aller Wildheit so liebevoll und zärtlich gegen mich, so freundlich gegen jedermann. Natürlich hat er ein Heer Freunde. Jeden Hausierer, den Schneider, den Verzinner, die Knechte, die Nachbarn, kurz alle, die er sieht, redet er vertraut in seinem wunderlichen Kauderwelsch an. Er lernt jetzt aber ordentlich Sindhi reden. Hermännle wird wohl frühe von ihm lernen; denn dem Kleinen fehlt's auch nicht an Leben, und er strampelt und bewegt sich munter, daß es eine Lust ist.«

Doch dieses so fröhlich erblühende Leben beim kleinen Hermann währte nicht lange. Aus einem kleinen Unwohlsein entwickelte sich ein heftiges, gefährliches Fieber. Der Arzt meinte zwar, die Mutter beruhigend, das Kindlein werde sich durchreißen. Doch schon am 11. August erlosch der kleine Sonnenstrahl, der nur fünf Monate geleuchtet und alle so glücklich gemacht hatte.

Bald stellte sich auch vermehrte Sorge um Charles ein. Eine

starke Erkältung überfiel ihn, und hier und da fand sich Blut in seinem Auswurf. Eine kleine Erholungsreise zur See tat ihm gut. Wie nie zuvor in seinem Missionarsleben gab er sich reger Tätigkeit hin. Er hoffte und flehte um die erste Bekehrung eines Menschen als Frucht seines Dienstes. Es wurde als erster ein heilsbegieriger Mohammedaner getauft. Das war eine mächtige Glaubensstärkung für den jungen Missionar. Die häuslichen Andachten und die Gottesdienste in der Sindhisprache wurden erfreulich gut besucht. Auch auf Predigtreisen außerhalb der Stadt fehlte es nicht an aufmerksamen Zuhörern.

Der 25. und der 30. Mai 1869 waren bedeutsame Daten. An dem erstgenannten Tag wurde der Sohn Karl, das »liebe Maiblümchen« geboren. Fünf Tage später wurde der allererste eigentliche Sindhi getauft. Das veranlaßte in der Stadt Haidrabad einen wahren Aufruhr. Marie schreibt: »Mein Mann lobpreiste Gott, daß die lange Stille, die totenartige Apathie endlich einmal unterbrochen worden war, und sein Herz jubelte in ihm, auch als ihm bei der Straßenpredigt grimmige Gesichter mit Hausanzünden und dergleichen drohten und manch fanatischer Mohammedaner fluchend ihm die Faust ballte.«

Der Stadtrat beschloß feierlich, der Missionsschule den Garaus zu machen. Denjenigen, die ihre Kinder weiterhin dorthin schikken würden, wurden Geldstrafen angedroht. An den Straßenekken wurden Wächter aufgestellt, um etwaige Schulgänger aufzuhalten. Da kamen viele der Jungen einfach außerhalb der Schulstunden ins Missionshaus und versicherten, sie würden alles aufbieten, um wieder zu kommen; denn die Schule sei ihnen ihr Höchstes und Liebstes. Nach drei Wochen war diese voller als je.

Bisher kannte man nur Straßenpredigten des Missionars. Jetzt gingen die Hindus und Mohammedaner auf die Straße und fingen an zu predigen. Sie wollten dem Boten Jesu damit das Wasser abgraben und eiferten – ängstlich besorgt geworden um den Fortbestand ihrer alten Sitte und Religion – wie nie zuvor für ihre väterliche Tradition. Im Missionarshaus waltete in all solchem Tumult Gottes Friede. Charles war glücklich, daß das Evangelium von Jesus einen solchen Rumor machte. Er freute sich aber auch innig an seinem Karlchen und sagte lachend zu seiner Frau: »Den gefräßigen Dickerle da darfst du mir nimmer Maiblümchen heißen, das ist ein nimmersatter Maikäfer!«

Es kam der erschreckende Tag 21. Juni 1869. Aus einem Schlaf nach dem Mittagessen fuhr Charles auf einmal hustend und stöhnend auf. Aus seinem Mund quoll ein Blutstrom, der den ganzen Fußboden rot färbte. Der herbeigerufene Arzt erklärte, die linke Lunge sei sehr krank, nur eine sofortige Reise nach Europa und ein ganzes Jahr Ruhe in gutem Klima könne noch Hilfe bringen. In Indien sei keine Heilung zu erhoffen. Daraufhin begann das Verkaufen und Verpacken des Hausrats. Sechs Wochen war das Büblein Karl erst alt, als die Familie Isenberg von dem so liebgewonnenen Sindhland Abschied nahm. Am 22. August langte sie in der alten Heimat an und wurde von lieben Angehörigen am Stuttgarter Hauptbahnhof in Empfang genommen. Bald ging es nach Calw weiter, wo Maries Eltern wohnten.

Die erhoffte Wendung zur Genesung von der Lungentuberkulose trat in der Heimat bei unserm Patienten nicht ein. Eine Kur wurde erfolglos abgebrochen. Die Familie bezog ihr Winterquartier in Stuttgart bei der Mutter von Charles Isenberg. Aus den letzten Monaten mit ihrem geliebten Mann hat Marie u. a. die folgenden Erinnerungen festgehalten:

»Am 18. November kam der liebe, fromme Doktor Sick und untersuchte den Kranken genau. Ganz aufrichtig sagte er: ›Helfen kann ich Ihnen nimmer und überhaupt kein Arzt. Aber mit Gottes Hilfe können wir's noch ein Weilchen hinausschieben und lindern.‹ – Da saß der Kranke nach schwerer, todesbanger Nacht fröstelnd, warm eingehüllt im Lehnsessel, mit dem tiefen Leidenszug auf dem fahlen, schrecklich abgezehrten und doch so friedreichen Antlitz! Es war köstlich bei ihm zu sitzen und seine Hand in meiner halten zu dürfen. Ich dankte für jede Stunde, da ich ihn noch hatte, und oft, oft sagte er schmerzlich lächelnd zu mir: ›O Weible, wir sind doch glücklich zusammen!‹

Manchmal siegte auch die Wehmut, und er konnte weinen wie ein Kind, wenn er an mich und seine Kleinen dachte. Im ganzen aber richtete er den Blick immer freudiger auf das Ziel und sehnte sich heim. Sein ganzes Herz war oft ein Lobpsalm, und er konnte nicht genug preisen, wie selig ihn Gott geführt, was er für ein schönes, glückliches Leben gehabt habe, ›mit Barmherzigkeit gekrönt‹.

Sehr wehmütig war's, wenn er fast jeden Tag merkte, daß seine Kraft abnahm und sagte: ›Sieh, gestern konnte ich so weit gehen, heute reicht's nur bis hierher.‹ Immer war er besorgt, mich ein wenig hinauszuschicken an die frische Luft oder zu geistiger Erholung zu lieben Freunden, obwohl er dann mein baldiges Heimkommen kaum erwarten konnte und, mich innig umarmend, äußerte: ›O Fraule, habe ich dich wieder! Guck, ich kann's nimmer ohne dich!‹ Ja, mitten im Leiden, an des Todes Tür waren wir reich und selig in unserer Liebe.

Die auf den 18. Februar 1870 folgende Nacht war voll bängster

Atemnot. Ich fragte ihn, ob ihm auch innerlich bang sei. Da wandte er sein klares Auge auf mich mit unbeschreiblich seligem Ausdruck und sagte: ›O nein! Ich habe vollen Frieden. ER ist da!‹

Mit dem Morgen wurde er still und ruhig und atmete etwas freier. Der Pfarrer kam und gab uns allen, die wir um ihn waren, das heilige Nachtmahl, nach dem sich der Sterbende gesehnt hatte und das er nun mit klarem Bewußtsein und offenbarer Freude genoß. Bald merkte ich eine große Veränderung auf seinem Antlitz. Man brachte ihm Karlchen. Er küßte ihn noch und nahm Abschied von allen. Mama sagte: ›Du mußt dir keine Sorgen machen um Weib und Kinderchen, Gott wird für sie sorgen.‹ Da lächelte er mich selig an und sagte mit freudigster Gewißheit: ›O, ich habe gar keine Sorge um euch, gar keine!‹ Dann hauchte er noch: ›Komm mir nach!‹ Klar und liebevoll hing seine Auge noch an meinem, sein Haupt sank schwer auf meine Brust, die Lippen bebten, er röchelte ein wenig und verschied sanft und still. Sein Herr hatte ihn heimgeholt, wohl ihm!«

Fünf Jahre und drei Monate war Marie Isenberg, geb. Gundert, mit ihrem Mann Charles verheiratet gewesen. Sie war etwas über 27 Jahre alt, als sie Witwe wurde.

Johannes Hesse – der »Herzensjohnny«

Die junge Witwe zog mit ihren Kindern nach Calw zu ihren Eltern. Sie bekam eine Wohnung in dem alten, grauen, dicht an einen Berg gebauten Haus des Verlagsvereins, dessen Leiter ihr Vater war. Sie wurde im Heimatdienst der Basler Mission eingesetzt und gab daneben Unterricht in der englischen Sprache. Damit bestritt sie ihren und ihrer Kinder Lebensunterhalt. In einem Brief an einen ihrer Brüder ist zu lesen, wo sie die Kraft und den Trost ihres Lebens suchte und fand:

»Ja, wenn die Himmelsleiter nicht wäre, die enge Verbindung von dieser und jener Welt, wenn Gottes Liebe nicht zu uns hinab und unsere Gebete und Tränen nicht zu ihm hinaufstiegen, o was wäre dann dieses arme Leben anders als ein Sorgen, Sich-Abmühen, ein vergebliches Streben und Ringen, eine Nacht, ein Tod! Ich bin schon oft dieses Lebens gar müde geworden; aber weil ich erfahren habe, daß Christus Gebet erhört, daß er sich den Mühseligen wirklich fühlbar nähert, darum allein kann ich mich im Gebet immer wieder aufraffen und weiß, er hilft vollends durch zum Ziel. Er ist die Liebe, nicht eine ideale, erträumte Liebe, die

die Sinne geschwind berauschen und das Gefühl anregen, aber sonst nichts nützen kann, sondern eine im Wesen und Sein geoffenbarte Liebe, stärker als der Tod, darauf sich das müde Herz stützen kann, daraus es immer wieder Lebenskraft und Mut zieht.«

So oft Marie es konnte, bereitete sie ihren vaterlosen Kindern besondere Freuden. Einmal waren diese mit vielen Kindern anderer Familien in einen Weinberg eingeladen worden, in dem gerade die Trauben reiften: »Viele, viele Kinder waren da beisammen, spielten, vesperten, feuerwerkelten und aßen Trauben nach Herzenslust. Es ist ein sehr netter Weinberg, hoch oben, mit prachtvoller Aussicht weithin. Wir waren seelenvergnügt und mußten recht über Karlchen lachen, der ganz beharrlich fortwährend in den Mund stopfte oder in Geschirrlein Trauben stampfte und dann rief: ›Ich mach mir Wein, und der ist gut!‹«

Im Sommer 1873 suchte Maries Vater, Dr. Hermann Gundert, nach einem Gehilfen für die Arbeit an dem von ihm herausgegebenen »Missionsmagazin«. Es wurde ihm dafür ein junger Baltendeutscher namens Johannes Hesse empfohlen. Dieser war ähnlich sprachbegabt und an Sprachstudien interessiert wie Vater Gundert und paßte darum ausgezeichnet zu ihm. Er trat auch tatsächlich die Stelle an. Hören wir, welchen ersten Eindruck Frau Marie von ihm gewann:

»Unser neuer Hausgenosse trat ganz unerwartet ein, bleich und elend. Doch geht's ihm anscheinend seither ordentlich. Man muß ihn achten und lieben, diesen feinen, frommen und intellektuellen Mann. Er hat – im grauen Rock! – schon letzten Sonntag eine Missionsstunde und am Dienstag unsern Verein gehalten, sehr interessant und schön. Gegen die Kinder ist er auch lieb und stiefelte gestern auf dem Markt herum und brachte ihnen etwas mit heim. Den Calwern ist er in seinem fremdländischen Aufzug sehr wichtig.«

Maries Interesse für den fremden Gast entwickelte sich bald zu echter Liebe weiter. Am 22. November 1874 vermählten sich die beiden. Maries zweiter Lebensgefährte war der Sohn eines deutschbaltischen Arztes aus Weißenstein in Estland. Der 1847 Geborene war als achtzehnjähriger Abiturient ins Basler Missionshaus eingetreten. Er wollte sich Christus, den er seinen »Dienst- und Lehnsmann« nannte, und seinem Reich zur Verfügung stellen. Er war nach Indien an die Malabarküste ausgesandt worden, aber schon nach vier Jahren wegen eines chronischen Kopf- und Darmleidens zurückgekehrt. Es ging ihm aber wie Vater Gundert und dessen Tochter Marie: Er blieb allezeit der

Missionsarbeit in Indien in großer Liebe verbunden und sah das fernöstliche Land als seine eigentliche Heimat an.

Johannes Hesse verfügte über eine umfassende Bildung. Er war ein Freund und guter Kenner der lateinischen und griechischen Sprache und zitierte gern lateinische Sprichwörter, die ihm fast so geläufig waren wie Bibelsprüche. Er war tiefgläubig, trat für klare sittliche, bibelgebundene Maßstäbe ein und hielt sich zu den Pietisten.

Die beiden Isenbergschen Kinder, Theodor und Karl, nahmen den neuen Vater schnell an und auf. Der erstere ließ sich so vernehmen: »Au, ich habe jetzt drei Väter, den Herrn Isenberg, den Herrn Hesse und den Herrn Zebaoth!«

Die neugegründete Familie fand eine eigene freundliche Wohnung, in der sich Marie dankbar ihres neuen Glücks freute: »So bin ich denn wieder eine glückliche Gattin, an der Seite eines treuen Mannes, der mir helfen will auf dem Weg zur oberen Heimat und mir besonders eine große Stütze ist in der Erziehung meiner Knaben. Mein Johannes ist so liebevoll gegen sie, gibt sich in Freistunden so nett und lebhaft mit ihnen ab, spielt und lacht mit ihnen, lehrt Theodor Latein und ist zugleich so sicher im Auftreten, so fest und konsequent, ohne je böse und gereizt zu scheinen, daß die Kleinen Respekt und Liebe kriegen müssen. Die Kinder sind sehr froh über unsere große helle Wohnung und den großen, von Kindern wimmelnden Marktplatz vor den Fenstern. Karlchen meint: ›Der liebe Gott muß uns doch arg liebhaben, daß er uns ein so schönes Haus schenkt!‹

Dem lieben Johannes geht's über Erwarten gut; er arbeitet den ganzen Tag und ist frisch und munter. Natürlich ist täglicher Verkehr zwischen dem Haus der Eltern und unserem. Samstagabends waren die Eltern da, Papa spielte auf dem Harmonium, und wir sangen. Gesungen wird bei uns sehr viel, nach dem Essen, beim Aufstehen, während der Arbeit oder abends.«

Johannes Hesse war öfter auf Reisen. Dann wurde ein lebhafter Briefwechsel zwischen den Ehegatten geführt. Groß war immer die Freude, wenn Marie von ihrem »Herzens-Johnny« – wie sie ihren Mann gern nannte – ein Lebenszeichen empfing: »Gott sei Lob und Dank, daß ich endlich, endlich Nachricht von Dir habe. Nimm's nicht als Tadel auf, Herzblatt, Du hast so lieb und lang und interessant geschrieben, und ich bin jetzt so reich, so froh, so getröstet mit Deinem lieben Brief! Hättest Du mich heute morgen insgeheim sehen können, Du würdest nimmer zweifeln, daß ich Dich liebe wie mein eigen Herz. Mich ergriff solch tiefe Wehmut und solches Heimweh nach Dir, daß ich mich in Dein Zimmer einschloß und mich dort satt weinte und für Dich betete. Gott allein sah und hörte es, und vielleicht lächelte er freundlich über das dumme Kind; denn während ich mich noch grämte, brachte der Postmann Deinen Brief und einen von den lieben Eltern in Weißenstein.«

Eine Reise ins Baltenland

Im Jahre 1876 unternahmen Johannes und Marie Hesse eine langgeplante Reise ins Baltenland, in die ferne Heimat von Johannes im Osten. Das im Vorjahr geborene erste Töchterchen Adele nahmen sie mit. Marie hat die Reise in köstlichen Briefen an ihre Eltern und Geschwister ausführlich beschrieben. Sie hat alles mit überaus wachen und erlebnisfähigen Sinnen und einem dankbaren Herzen aufgenommen. Geben wir ein paar ihrer Eindrücke wieder:

»Wir kamen nach Reval, der Hauptstadt von Estland, das allerliebst daliegt. Eine Langweilerei mit Zollbeamten usw., ehe man vom Schiff ans Land konnte, wo am Ufer die drolligsten Figuren standen: Weiber mit herrlichen Hauben und nackten Füßen, Kutscher in langen Schlafröcken, miserable Beamte in schmierigen Uniformen, estnische Bauern mit wallendem Haar usw. Inwendig ist Reval nicht so schön wie von ferne, das Pflaster unter aller Kritik, schlecht, schmutzig, eng, wimmelnd von den wunderlichsten Fuhrwerken und Karren. Tag und Nacht hört das Rasseln nicht auf. Die Leute leben abends alle erst recht auf, die Kutschen fahren bis nach Mitternacht, und dann schon vor dem frühen Morgen fahren die Bauern vom Land scharenweise herein . . .

Abends nach sieben Uhr war der glückliche Moment in Weißenstein, wo vor der Haustür der Eltern Hesse alle Kinder vereint waren. Schwager Hermann half mir herunter, nachdem er schon die kleine Adele von Johnnys Arm dem Großvaterle in den Arm gelegt hatte. Mir war, als kennte ich alle schon. Es bedurfte keiner Vorstellung, man lag sich am Hals und freute sich inniglich. Papa Hesse (der Vater von Johannes) war ganz rührend, lobte laut seinen guten Herrn, nahm mich in die Arme und führte mich durchs ganze Haus und durch den Garten in hellem Jubel. Dann kam der Tee, von der alten, buckligen Anna gemacht und von der jungen Greta serviert. Die junge Anni kocht, und die herzige Liny ist Adelchens treue Dienerin und hat sich schon lange gefreut und immer gefragt: ›Wann kommt denn mein Herr und mein Fräulein?‹ Adelchen hat sich schnell an Liny gewöhnt, aber die alte Anna mit dem runzligen Gesicht und der hohen estnischen Mütze, die wie ein Turm auf dem Kopfe sitzt, fürchtet sie geradezu und schreit, sobald sie in die Nähe kommt . . .

Wir halten uns viel im Garten auf, der gar lieblich und schön und gut ist, mit lachenden Blumenbeeten, schönen Wegen, von den Brüdern sinnreich benamst, mit schattigen Plätzen und frischem, grünem Rasen. Jedes Blümchen, jedes Salat- und Gemüsestöckchen kennt und liebt Papa, sie sind alle wie seine Kinder! Man lebt im Garten, frühstück dort, ißt dort zu Nacht, schläft nach dem Essen im Gras, spielt, studiert, arbeitet und singt dort – ein frisches, frohes Ferienleben, gesund und köstlich.

Heute sind wir aber auch alle vor die Stadt hinaus auf die Wiese, haben das Heu zusammengerecht, uns dreingelegt und gesungen, daß es eine Lust war. Der alte Papa hat in Hemdsärmeln geschafft um die Wette mit seinem mächtigen Sohn Gustav, der ein Herkules an Körperkraft ist. Johannes hat auch heuen helfen und war so glücklich und wohl dabei. Überhaupt ist er voll Leben und Heiterkeit, spielt und ißt alles mit.

Noch habe ich kein Wörtlein von Mama gesagt. Die gute, liebe Mama, immer so voll Güte und Aufmerksamkeit gegen alle! Sie hat recht die Gabe, dem Hause vorzustehen, alles kriegt eine Art und Geschmack, was sie anrührt. Wie eine Königin schreitet sie einher unter ihren Söhnen, von allen geliebt und geehrt. Die Bilder an der Wand, die schönen illustrierten Sprüche usw. sind fast alle von ihrer Hand. Papa sagt, sie sei sein Kopf bei der Gartengestaltung, er bloß die Hand, alles ist schön um sie her. Ich habe nun auch das Handküssen und -küssenlassen gelernt, ohne das kommt man hier nicht durch . . . Eine alte Freundin von Papa, Frau von Dittmar, schickte ein prächtiges großes Kalb und einen ganzen Kübel voll Butter zu Johannes' Willkomm.«

Voll Liebe und Verehrung kommt Marie Hesse in ihren Briefen vom Besuch im Baltenland besonders auf ihren Schwiegervater zu sprechen. Er hat ihr ganzes Herz gewonnen:

»Um Papa Hesse scharen sich die Gläubigen der Gegend. Er ist so recht der Patriarch – ein köstlicher Mann . . . Abends hielt Papa Hesse wieder seine Bibelstunde, und zwar über Psalm 76, ergreifend kindlich, klar und voll Gebet . . .

Noch immer praktiziert er, ein Mann von 74 Jahren, auf seinem Zimmer ganz frisch und heiter, und die Bauern laufen herzu. Er sagte mir neulich, als wir in seinem Zimmer saßen: ›Das ist mein köstliches Zimmer, das hat mir mein Gott so wunderbar geschenkt, es gibt doch nirgends eine geschicktere Doktorsstube.

Mag im Salon vor sich gehen, was will, die Kranken kommen ungesehen da herein. Ich schließe ab, und nun geht's los. Ja, dieses Zimmer ist geweiht.‹ Ich sagte: ›Durch Gebet.‹ Aber er lächelte freundlich und sagte jovial: ›Ha nun, das versteht sich von selbst, aber nein, ich meine jetzt, durch ›Hundearbeit‹ ist das Zimmer geweiht. Treue Arbeit und unerbittlicher Gehorsam, das ist's, was die rechte Weihe gibt. Hu! Und Gott sei Dank, gearbeitet habe ich diese 45 Jahre und nie gefaulenzt!‹ –

Auch heute noch ist's so: Schreibt und praktiziert Papa nicht gerade, so arbeitet er im herrlichsten Aufzug mit hohen Stiefeln und uraltem Hut und abgeschabtem Schlafrock im Garten wie ein Knecht und kommt schweißtriefend, aber voll Dank und Freude über seine lieben Pflanzen wieder heim, macht Toilette und erscheint beim Essen. Nachmittags schläft er immer zwei Stunden. Neulich rief er: ›Ach gottlob, daß ich Unkraut ausjäten darf! Ich böser Mensch hätte ja verdient, im Gefängnis zu sitzen und Wanzen zu zählen . . .‹

Papa Hesse ist ein wahres Prachtstück und Original, ein kleiner, lebhafter, frischer Mann, mit einem klaren, leuchtenden, schönen Antlitz, darin der Friede Gottes, die Liebe gegen alle Menschen, die Dankbarkeit und kindliches Glück zu lesen sind. Wenn er morgens Andacht hält, weiß man oft nicht, ob er liest oder redet oder betet. Es fließt so ganz einfach und natürlich eins ins andre über, und man wüßte nicht, wann aufstehen, wenn es hier Sitte wäre, zum Gebet sich zu erheben. Man bleibt immer still dazu sitzen; so ist Papas Montagbibelstunde oft mehr als die Hälfte ein herzinniges Gespräch mit dem Herrn, das mir ergreifender ist als alle Predigt und Betrachtung.

Ein unverwüstlich heiterer Mann ist Vaterchen Hesse. Im Scherz sagt er einem oft die bittersten Wahrheiten, und seine erbaulichsten Gespräche sind gewürzt mit originellen Gleichnissen, Ausdrücken und Ausrufen. Formelles Wesen, Steifheit, frommes Geschwätz und dergleichen ist ihm grundverhaßt, und er macht da schnell ein Ende. Bei ihm ist der Glaube so recht sein Leben geworden. Ich möchte sagen: er leibt und lebt in seinem Heiland. Es strömt nur so still immerfort über, was im Herzen lebt.«

Nun noch ein gutes Wort von Großvater Hesse selber für Menschen, die von allem möglichen träumen, sich einmal dieses und dann wieder jenes wünschen und darüber in Gefahr geraten, die Gegenwart mit ihren ganz bestimmten Aufgaben zu versäumen: »Der jetzige Augenblick, das Heute, das Jetzt, da steckt der Segen drin. Pack's, greif zu mit beiden Händen, was Gott heute gibt, und mach dir keine närrischen Grillen über dies oder das wünschen. Es wäre nicht halb so gut, wenn's nach deinem Wunsch ginge, als es jetzt ist.«

Wir müssen auch noch hören, was Marie über ihren Mann in jenen Besuchswochen erfreut feststellt: »Johannes ist hier ganz ungemein geliebt und verehrt. Sein Eintritt in die Mission war seiner Zeit ein Furore machender Schritt, den die meisten gar nicht begreifen und andere nicht genug bewundern konnten. Mein Johnny sagt, er habe sich's damals leicht gemacht; denn es sei leichter, nach dem Gewissen zu leben in neuen Verhältnissen als in den altgewohnten, wo alles darauf aus ist, Welt und Christentum zu vermengen.«

Schließlich soll es uns beruhigen zu erfahren, daß auch das jüngste Familienglied, das die Reise aus dem Schwabenland ins ferne, zum russischen Reich gehörende Estland mitmachte, das kleine Töchterchen Adele, bei dem Besuch auf seine Kosten kam und keine Langeweile verspürte: »Neben dem Hause ist der Hof mit Waschküche, Stall mit zwei Kühen und Schuppen mit Kutsche. Den Sommer über werden die Kühe ganz auf der Weide gehalten. Morgens vier Uhr bläst der Hirt sein Horn, zieht durch die Straßen und treibt die Kühe hinaus, nachdem sie zu Hause gemolken worden sind. Um elf Uhr kommen sie und werden wieder gemolken, dann wieder zur Weide getrieben. Abends vor 9 Uhr kehren sie alle mit ungeheurem Gebrüll nach Hause zurück. Das ist unseres Adelchens Wonnestunde. In unbeschreiblicher Erregung begrüßt sie jubelnd das liebe Vieh und will nicht ins Haus, bis alle die vielen Kühe in ihren verschiedenen Ställen verschwunden sind.«

Von Calw nach Basel

Das nächste Kind wurde am 2. Juli 1877 in Calw geboren. Es war Hermann, der später so berühmt gewordene Dichter und Nobelpreisträger für Literatur. Als erstes weiß die Mutter über ihn folgendes zu berichten: »Nach schwerem Tag schenkt uns Gott in seiner Gnade abends halb 7 Uhr das heiß ersehnte Kind, unsern Hermann, ein sehr großes, schweres, schönes Kind, das gleich Hunger hat, die hellen Augen nach der Helle dreht und den Kopf selbständig dem Licht zuwendet, ein Prachtexemplar von einem gesunden, kräftigen Burschen. Der Kleine ist sehr brav, kommt bloß einmal nachts und schläft bei Tag sechs Stunden in einem Strich. Johnny ist so glücklich mit seinem Sohn, und die drei

Kinder jubeln übers Brüderlein. Meine vier Kinder, o welch kostbarer Schatz! Karl behauptet von seinem jüngsten Bruder: ›Man könnte über den Hermännle ebenso gut ein Lied singen wie übers Vöglein im hohen Baum; denn der ist noch viel reizender.‹«

Die 1878 und 1879 geborenen Kinder – ein Sohn Paul und eine Tochter Gertrud – wurden den Eltern schon nach kurzer Zeit wieder genommen. Der Bub erreichte nur ein Alter von fünf, und das Mädchen starb nach acht Monaten. Hermann besah sich immer wieder das tote Schwesterchen und plapperte kindlich: »Übers Jahr will ich dann zum lieben Heiland!« Er sprang aufs leere Bettchen, klopfte munter darauf los und rief fragend: »So, Gertrudle, bist jetzt vollends zum lieben Heiland gange?« Gott stärkte die trauernden Eltern wunderbar, und durch Gertruds Beerdigung zog der Klang der Ergebung in Gottes Willen und der trostvollen Hoffnung auf den Himmel. Eine Mutter, die auch ein Kind verloren hatte, sprach es dankbar aus, wie sie durch Gertruds Begräbnis getröstet und gestärkt worden sei. Am 27. November 1880 begrüßten Eltern und Geschwister das achte Kind, das Mutter Marie zur Welt brachte, das kleine Mariechen.

Noch ein weiteres Mal vergrößerte sich die Kinderzahl. Am 13. Juli 1882 gesellte sich Johannes dazu. Doch war sein Geburtsort nicht mehr Calw, sondern Basel. Vater Hesse war 1881 von der Leitung der Basler Mission dorthin berufen worden. Er sollte das Missionsmagazin herausgeben und am Missionshaus Unterricht erteilen, u. a. in deutscher Sprache und Literatur. Der Abschied von den geliebten Eltern fiel Marie nicht leicht. Wie hatte sie sich mit dem Vater auch innerlich-geistlich so gut verstanden! Es gibt einen Bericht von ihr über eine Bibelstunde des Vaters, deren originelle Gedanken sie besonders ansprachen und von ihr begierig aufgenommen wurden:

»Köstlich sprach Vaterle vom neuen Namen, den Gott uns – jedem einzelnen – geben wird, ein Name, worin alles enthalten ist, was wir auf Erden waren, erlebten und durch Gottes Gnade geworden sind; ein Name, so alles fassend, so erschütternd passend, daß beim bloßen Nennen-hören desselben uns alles Vergangene und Vergessene, das ganze Rätsel unseres Lebens, all das uns Verborgene und Unverständliche unseres eigenen Wesens und Seins plötzlich vom Ewigkeitslicht beleuchtet klar vor die Seele treten wird.

Bei dieser Gelegenheit ward mir's so eindrücklich, daß ich Vaterchen tiefinnigst verstehe. Während seine gleichsam leicht hingeworfenen Worte wie ein Schatz puren Goldes für mich waren, ja wie das Eröffnen neuer Paradiesespforten, staunte ich, wie kühl und prosaisch andere darüber sprachen und sogar fragten: ja, was denn so ein neuer Name uns nütze. Aber es freute mich, daß mein Johnny und der Hilfspfarrer Häring es auch mitfühlten und letzterer mit einem kurzen Wort so ganz dieselbe Saite anschlug. – Gott, was wird sein, wenn einst die Zunge nimmer stammelt, sondern in Himmelssprache frei und schön im neuen Liede jubeln kann, Gedanken und Dinge, deren bloße Ahnung hienieden das schwache, irdische Herz fast erdrückt, den Kopf schwindeln macht!«

In Basel wurde Marie dann doch schnell heimisch, und bald bekannte sie dankbar: »Es ist mir eine Freude, hier so ganz im engen Missionsverband zu stehen. Oft wenn ich zu den Versammlungen in den Betsaal im Missionshaus trete, ist mir's, wie wenn ich Heimatluft (wie einst in Indien) atme, und ich fühle: Das ist die Gemeinde, zu der ich gehöre.«

Etwas, was Marie Hesse in Basel neu entdeckte und praktizieren lernte, soll sie uns erzählen: »Gott sei Lob und Dank für alle seine Wohltaten! Er hat uns viel Segen gegeben in diesem Jahr. Eine Erleichterung ist mir's fürs Herz, daß ich nun auch die Seligkeit des Gebens mehr habe, seit wir beschlossen haben, den Zehnten Gott zu weihen. Ich kann sagen, es ist das ein großes Glück und eitel Segen, obschon kein Wunder (?) geschah und öfter die Geldsorgen mich anfechten wollten. Aber jetzt kann der bittere Geiz nichts mehr drein reden, und die Sorgen lege ich dem hin, der reich ist über alles, was Kinder heißt, bin ich doch sein Kind. Mangel haben wir keinen.«

Marie war reich und zur Ruhe gekommen in ihrem Gott. Sie hatte aber auch ein offenes Herz – und das fanden die Kinder an der Mutter so belebend und anziehend – für irdische Schönheiten, für Natur und Dichtung und anderes. Doch warnte sie davor, daraus keinen Religionsersatz zu machen:

»Erst wenn das Herz in Gott Ruhe und volle Genüge gefunden hat, kann es ohne jeden Schaden mit kindlicher Freude und reinem Genuß auch in Natur, Kunst, Wissenschaft und Erdenliebe entgegennehmen, was Gottes Liebe beut, mit dankbar frohem Herzen. So lange diese Güter aber dem armen Menschenherzen als Brunnen zum Durstlöschen dienen mit Umgehung der einzigen wahren Lebensquelle, solange mischt sich Überdruß, Verschmachten, Unbefriedigtsein und Sünde auch in den besten Genuß.«

In das Ende der Basler Zeit fiel der Tod von Maries Mutter. Die Tochter bemerkte dazu: »Gott erlöste die Seele, die auf Erden nie fremd zu sein verlernt hatte.«

Der Sohn Hermann

Ein großer Teil von Maries Briefen und Tagebüchern beschäftigt sich mit ihren Kindern. Neun waren es insgesamt, von denen drei früh verstarben. Da gab es viel zu berichten, von kleinen Alltagserlebnissen, von allerlei drolligen Aussprüchen, von Freuden und Sorgen und von der unermüdlichen Fürbitte, mit der die Mutter ihre Kinder begleitete. Da Hermann Hesse, der dichtende Sohn, am bekanntesten geworden ist, wollen wir einiges von dem wiedergeben, was die Mutter über ihn mitzuteilen weiß:

»Mein kleiner Hermann brach sein rechtes Ärmchen, ohne Fall, bloß durch ungeschickte, gewaltsame Bewegung, als er sich von der Hand des Dienstmädchens loszureißen versuchte. Sechs Wochen lang mußte er ihn im Wasserglasverband haben. Gottlob, es ging sehr gut vorüber, doch war es eine schwere Zeit und harte Schule, den unglaublich lebhaften und verwegenen Jungen zu hüten.«

»Es ist ein merkwürdiges Schaffen und Kämpfen in dem Buben. Vorgestern mußte ich zweimal im Lauf des Tages auf seine Bitte hin extra mit ihm beten, daß der Heiland ihn doch ›arg‹ lieb mache. Gleich darauf schlug und biß er sein geduldiges Adelchen, und als ich mit ihm drüber redete, sagte er: ›Ha, so soll mi doch der Gott arg liebmache! Mir kommt's halt net!‹ Er sieht jetzt das Gebet als einen Zauber an, der ohne sein Zutun wirken sollte.«

»Bete mit mir für Hermännle, und bete für mich, daß ich Kraft bekomme, ihn zu erziehen! Es ist mir, als wäre schon meine Körperkraft nicht ausreichend. Der Bursche hat ein Leben, eine Riesenstärke, einen mächtigen Willen und wirklich auch eine Art ganz erstaunlichen Verstand für seine vier Jahre. Wo will's hinaus? Es zehrt mir ordentlich am Leben, dieses innere Kämpfen gegen seinen hohen Tyrannengeist, sein leidenschaftliches Stürmen und Drängen . . . Gott muß diesen stolzen Sinn in Arbeit nehmen, dann wird was Edles und Prächtiges draus, aber ich schaudere beim Gedanken, was bei falscher oder schwacher Erziehung aus diesem leidenschaftlichen Menschen werden könnte.«

»Es ist nur gut, daß wir ländlich wohnen und Hermann auf der Wiese daneben seine überschüssige Energie hinauslassen kann. Gestern sah ich ihm von meinem Arbeitstischchen am Fenster aus zu, wie er ganz unglaublich wild und lustig mutterseelenallein auf der Wiese sich wälzte und herumwarf, tanzte, hüpfte, Purzelbäume schlug, ohne Ermüden über eine Stunde lang, gerade wie ein ausgelassenes Füllen oder Geißböcklein. Die Kleider sehen natürlich danach aus, aber solche Leibesübung ist das beste für ihn, sonst kommt er auf Lumpereien, und dann kommen Klagen von oben und unten und rechts und links: ›Hermann hat mein Kind gestoßen! – Hermann hat eine Scheibe eingeworfen! – Hermann wirft die Nachbarskinder mit Steinen! – Hermann springt ganz weit fort!‹ und dergleichen. Wenn ich nur draußen jemand den Namen Hermann nennen höre, ist mir's schon angst, was wieder los sei.

Ja, er ist ganz furchtbar lebhaft, rasch, umtriebig und folgt leider nicht. Dann kann er wieder so rührend nett und lieb sein, Mariechen Bilder zeigen und sie herzen oder mir selbstgedichtete Liedchen vorsingen, wie zum Beispiel:

Das Vöglein im Wald,
so nett ist es halt,
und singt so schöne Liedlein
und schlüpft in sein Nestlein.

Im Bett singt der vierjährige Knirps oft lange, lange aus dem Stegreif ganz nette Sachen und Reime. Er dauert mich ganz, daß er dann wieder so böse und heftig ist.«

»Unser Hermann geht jetzt auf eigenen Wunsch zur Sonntagschule zu Frau Pfarrer Pfisterer ins Knabenhaus. Im Ganzen ist er gottlob recht ordentlich und viel lenksamer. Abends betet er einen Haufen Verschen, Vaterunser, Segen usw. und will immer dazu, daß ich noch mit ihm aus dem Herzen bete. Als ich einmal meinte, er brauche nicht so gar langes Beten, rief er entrüstet: ›Es ist doch hundsdumm, wenn mer net au recht betet.‹«

Wir überspringen jetzt acht Jahre und begleiten den zwölfjährigen Hermann Hesse auf die auswärtige Schule in Göppingen und ein Jahr später nach Maulbronn. Von dem ersteren Ort schreibt die Mutter: »Mit unserm Hermann geht's ja in Göppingen über Erwarten gut, und sein Lehrer lobt ihn. Daß er aber sehr nervös und zart ist, merken wir wieder in den Ferien, besonders an heißen Tagen.« In Maulbronn packte ihn ein »plötzlicher Rappel« – so die Worte der Mutter –, und er lief aus der Schule davon, kehrte aber am nächsten Tag freiwillig zurück, nachdem die Mutter, der ein Telegramm die schlimme Nachricht übermittelte, eine schreckliche Nacht verbracht hatte. Einer der Lehrer urteilte in der Folgezeit über den jetzt Fünfzehnjährigen, er habe gar keinen Willen mehr, sondern bloß noch Phantasie. In den Unterrichtsstunden halte er sich ganz gut und aufmerksam, aber in der Lernzeit schaffe er nicht, sondern dichte.

Man hielt ein halbes Jahr Urlaub zur Erholung für nötig und brachte Hermann nach Bad Boll, wo Christoph Blumhardt, der Sohn des bekannten Gottesmannes und Erweckungspredigers Johann Christoph Blumhardt, ein Seelsorgeheim leitete. Der Junge kam dort aber nicht zurecht, sondern unternahm sogar einen Selbstmordversuch. Daraufhin kam er in ein anderes Heim in Stetten im Remstal, wo er wohl seelisch und körperlich gestärkt wurde, aber schlecht zu regelmäßiger Arbeit zu bewegen war. Es war für die Mutter ein Eingreifen der göttlichen Barmherzigkeit, als sie im Juni 1894 schreiben konnte: »Der arme Hermann entschloß sich aus freien Stücken, das faule Leben aufzugeben und in eine mechanische Werkstatt einzutreten. Dadurch erstarkte er weiter körperlich und schaffte doch etwas.«

Doch konnte eine solche Tätigkeit den künstlerisch veranlagten Jungen auf die Dauer nicht befriedigen. Als er in Tübingen als Lehrling in eine Buchhandlung eintrat und sich ihm damit die Welt der Literatur auftat, näherte er sich ein erstes Stück seiner eigentlichen Begabung und Berufung, die ihn dann später weltberühmt machte. Nach dem Abschluß der Lehre sehen wir ihn als Buchhändler in Basel, der nebenher schon viele Gedichte und Aufsätze schrieb. Der Fünfundzwanzigjährige gab dann seine erste größere Gedichtsammlung heraus. Er wollte sie der Mutter widmen, doch diese starb kurz vor dem Erscheinen. Nun erhielt das Widmungsgedicht die folgende Fassung:

Meiner lieben Mutter

Ich hatte dir so viel zu sagen,
ich war zu lang im fremden Land,
und doch warst du in all den Tagen
die, die am besten mich verstand.

Nun, da ich meine erste Gabe,
die ich dir lange zugedacht,
in zagen Kinderhänden habe,
hast du die Augen zugemacht.

Doch darf ich fühlen, wie beim Lesen
mein Weh sich wunderlich vergißt,
weil dein unsäglich gütig Wesen
mit tausend Fäden um mich ist.

Marie Hesse und ihr Sohn Hermann waren allezeit innig verbunden geblieben, wenn Hermann auch nicht zum schlichten Herzensglauben der Mutter hingefunden hatte und diesen auch später nicht fand.

Gotterleben in Krankheitsnot

Wir sind weit vorausgeeilt und müssen jetzt aus dem Todesjahr 1902 in das Jahr 1886 zurückkehren. In diesem Jahr kehrte die Familie Hesse aus Basel nach Calw zurück. Der alternde Vater Gundert hatte das Basler Missionskomitee gebeten, ihm seinen Schwiegersohn Johannes als Gehilfen und späteren Nachfolger im Calwer Verlagsverein abzugeben. Dem wurde entsprochen. Zunächst wohnten alle in dem alten, finsteren und engen Haus des Verlagsvereins zusammen. Das drückte aber derartig auf die Schaffenskraft und Gemütsverfassung von Johannes und Marie Hesse, daß es zur Trennung von dem muffigen Gebäude und damit vom Vater kommen mußte. In einer eigenen, sonnigen und behaglichen Wohnung sah dann alles wieder ganz anders aus. Der Vater hat die für ihn schmerzliche Sache verstanden und verkraftet, und das Verhältnis zu ihm war ohne Trübung. Er blieb das geliebte und verehrte Oberhaupt der Familie bis zu seinem Heimgang am 25. April 1893. Johannes übernahm – wie schon lange geplant – sein Amt.

1895 wurde ein schweres Jahr durch eine schmerzhafte Krankheit der Hausmutter. Sie litt an Knochenerweichung und wurde immer schwächer und unbeweglicher. Den Haushalt konnte sie nicht mehr versorgen. Mit rührender Liebe und Treue sprangen ihr Mann und die Kinder ein. Alle Kuren und Heilversuche blieben erfolglos. Meistens mußte die Mutter auf dem Sofa oder in einem Sessel liegen. Was dann aber 1896 geschah, darüber wollen wir Maries eigenen Bericht hören:

»Im Januar 1896 kam der Evangelist Elias Schrenk zu einem zwölftägigen Dienst nach Calw. Am 4. Januar erschien er als unser Gast. Wir hatten verschiedene Brüder zum Nachtessen eingeladen. Nachts hatte ich Gallenbrechen und Rippenschmerzen, ließ mich aber am Sonntag, dem 5., auf das Sofa bringen; denn wir hatten mit Schrenk die Feier des heiligen Abendmahls unter uns. Im Gebet bat unser Gast auch für mich. Um drei Uhr hielt Schrenk die erste Bibelstunde in der Kirche über Jesaja 43, 18–21. Vorher kamen einige Stundenbrüder zum Gebet, und ich betete in meinem Bett auch herzlich mit, daß Gott die Arbeit seines Knechtes in Calw segnen möge. Beim Fortgehen sagte mir Herr Schrenk immer Lied und Text. Ich sang und las es dann allein und betete drüber. Nachher erzählten mir meine Kinder von den Reden. Ich hatte anhaltende Schmerzen, auch in den Nieren.

Am 7. Januar kam von Oberförster K. ein Brief an meinen lieben Mann, er möchte ihm mitteilen, wann er Herrn Schrenk besuchen dürfe, er wünsche Handauflegung für sein schweres Magenleiden. Dieser Brief bewegte mich wunderbar – fehlte es mir am Ende an dem vollen kindlichen Glauben und an der Demut? Ich hatte damals keine Ahnung davon, daß Schrenk schon Kranke geheilt hatte, und die Sache arbeitete in mir ... Jetzt fragte ich Schrenk darüber, und er sagte, er habe bis jetzt nicht gefühlt, daß er um meine Genesung bitten solle, ich müsse innerlich des Willens Gottes gewiß werden. Daß der, welcher den Lazarus aus dem Grabe rief, mich heilen könne, sei ohne Zweifel. Er, der die Knochen erschaffen habe, könne sie auch leicht heilen, trotz allem, was die Ärzte sagten.

Am 11. Januar abends bat ich Herrn Schrenk, er möchte mir eine Handreichung tun, daß ich stille und geduldig leiden und Gott verherrlichen könne bis ans Ende. Er sagte, er werde am nächsten Tag mit mir beten und die Hand auflegen, ich sollte mich innerlich dazu sammeln.

Sonntag, den 12. Januar, vor 11 Uhr kam Herr Schrenk, legte mir die Hände auf und betete um Geist und Kraft für mich und plötzlich auch um Genesung: ›Richte sie wieder auf! Stelle sie auf ihre Füße!‹ Ich erschrak und zitterte. O, was bittet er da! Soll ich wieder hinein in alles, das ich als abgeschlossen verlassen hatte? Und doch zugleich der Gedanke: ›Wenn Gott wollte, sollte mein Unglaube ihn aufhalten? Nein, Herr, ich will, was du willst!‹ Und nun hatte ich plötzlich Mut und Freudigkeit mitzubeten um Heilung. Auch Johannes ließ sich die Hände auflegen und Segen und neue Kraft zum Dienst des Herrn erflehen. Es war eine hochfeierliche Stunde, mir war's wie ein Pfingsten.

Die Schmerzen nahmen ab, und ich konnte nachts schlafen wie ein Kind. Das sagte ich Schrenk, worauf er ganz fröhlich sagte: ›O, jetzt habe ich erst recht Mut, wir beten heute abend wieder.‹ Abends legte mir Schrenk nochmals die Hände auf unter herzlichem, gläubigen Gebet. Ich fühlte, daß etwas geschah, es flossen Kräfte auf mich herab. Die ganze Nacht konnte ich vor Loben, Danken und Jauchzen nicht schlafen. Wie einen heißen Strom fühlte ich es in mir vom Kopf durch den ganzen Leib wogen und wallen. ›Ich habe Jesu Kleidessaum anrühren dürfen, und er ist mir ganz nahe!‹ Das war das selige Gefühl, das mich jauchzen machte. Ich konnte danken für meine Heilung, noch ehe ich probiert hatte, ob denn die elenden Füße wieder mich tragen könnten.

Ich machte Licht und versuchte es, mich an Bettlade und Nachttisch haltend, aus dem Bett zu gehen. Es ging, es war ganz neues Leben und Vermögen da. Ja, ich konnte die Füße wieder heben! Ich hatte sie vorher nur vorwärtsschieben können, wenn man mich stützte. O, diese Wonne! Still legte ich mich wieder hinein, löschte das Licht und konnte nur Loblieder und Dankespsalmen stammeln. Obschon ich vor Freude nicht geschlafen hatte, war ich morgens munter und ohne Schmerzen. Adele half mir in die Kleider und geleitete mich auf das Sofa im Eßzimmer neben meiner Stube. Wie freute sich Herr Schrenk, als er mich da schon zum Frühstück fand! Auch zum Nachtessen stand ich auf und aß am Tisch mit allen zusammen . . . Ich konnte von einem Zimmer ins andere gehen und meine Glieder immer freier bewegen. Die Schmerzen waren ganz weg.

Vom 4. bis 16. Januar war Herr Schrenk unser lieber Gast und teilte aus, was Gott ihm beschert hatte. Die Evangelisation war für viele reich gesegnet. Unser König trat vielen fühlbar nahe, ich durfte den Saum seines Kleides anrühren und genesen. Zunächst mußte er mich zerbrechen und in der langen Krankheitszeit ganz abhängig von sich machen, so daß ich sprach: ›Herr, wenn ich nur dich habe, so frage ich nichts nach Himmel und Erde. Wenn mir gleich Leib und Seele verschmachtet, so bist du doch, Gott, allezeit meines Herzens Trost und mein Teil.‹ Dann erst konnte er, der mein Licht und mein Heil war, auch in ganz neuer, nie geahnter Weise meines Lebens Kraft werden. O, du ewige Liebe, laß mich als lebendiges Opfer dir ewig zu Füßen liegen!

Als ich nach der Abreise von Herrn Schrenk wieder an meine Kästen und Schubladen kam, war mir's, als ob alles mir neu geschenkt wäre; denn ich hatte ja mit allem abgeschlossen gehabt und gedacht, es gehöre nimmer mir. Meine Schürzen und manches andere hatte ich darum schon verteilt. Der brave Briefträger Schroth blieb stockstill stehen vor Entsetzen, als er mich sah den Weißzeugschrank einräumen. Der Arzt befahl mir große Vorsicht, und so habe ich sechs Monate lang nach meiner Erstehung täglich mich nach Tisch zwei Stunden zu Bett gelegt. Nachher war das nicht mehr nötig, ich konnte die frühere Lebensweise, meine alten Pflichten und gewohnten Aufgaben wieder aufnehmen. Das Treppenabgehen blieb noch das Beschwerlichste. O, war das eine Wonne, als es mir auch wieder gelang, meine so lange krank gewesenen Knie vor Gott zu beugen!«

Die letzten Lebensjahre

In der auf dieses wunderbare Erleben noch folgenden Erdenzeit sah man Marie Hesse immer mehr ihrer ewigen Bestimmung entgegenreifen: »O, welch seliges Vorrecht, an der Quelle der immer neuen Güte Gottes stets frisch schöpfen zu dürfen für sich und für andere! Ein Tempel Gottes sollen wir sein. Dieser großartige, herrliche Beruf muß uns immer wieder abziehen von allem Minderwertigen, Kleinlichen, damit wir wie die Engel im Geist anbetend vor unserem Gott stehen, bereit zu jedem Dienst. Sein Geist der Herrlichkeit wohnt über uns und macht uns zu freien, frohen Königskindern, die, ihres Erbes gewiß, sich gern durchschlagen durch die Mühsale der Erdenreise, immer das Ziel vor Augen und die Gegenwart Gottes mit Anbetung empfindend.«

Im Brief an eine Freundin hieß es: »Es ist schön, wie das Leben immer neue Interessen, Freuden und Aufgaben bringt und jedes Alter seine besonderen Segnungen hat. Nach so manchen harten Stürmen und bitteren Erfahrungen hat mich nun der reiche, gütige Gott in eine Zeit des stillen, köstlichen Friedens geführt, so daß ich nur loben und danken kann. Alle seine Wege sind heilig und gut. Im Schatten seiner Flügel haben wir Zuflucht, so daß nichts uns erschrecken darf, was uns noch bevorsteht. Es ist ein seliges Geheimnis, dieses: nichts haben und doch alles haben.«

Was Marie Hesse noch bevorstand, das war ein Nierenleiden, das ihr viele heftige Schmerzen bereitete. In ihrer Leidenszeit entstand der folgende Vers:

In der Leidenszeit, der bangen,
wird die Seele oft so matt,
fühlt ein sehnliches Verlangen
nach der ewgen Ruhestatt.
Einmal ist doch ausgestritten
auch die letzte, schwerste Schlacht,
einmal ist doch ausgelitten
meine letzte Schmerzensnacht.
O glücklicher Tag, o selige Stund!
Dann bin ich auf immer und ewig gesund!

Diese ihre letzte Krankheit wurde Marie nicht weggenommen wie vorher die Not ihrer steifen Glieder. Alles Erlebte schloß sie in die Worte zusammen: »Es ist alles eine große Harmonie der Liebe Gottes, die alles so gewoben hat. Neben der vielen Beschämung hat man nur zu danken. Ich glaubte wohl manchmal, es seien manche Stücke verpfuscht, aber es war alles genau so, wie ich es nötig hatte. Und wenn das in einem Menschenleben so ist, wie wird's erst sein, wenn das ganze Erlösungswerk vollendet und alles am Ziel ist!«

Das letzte zusammenhängende und ganz klare Wort aus dem Mund von Marie Hesse war 48 Stunden vor dem Ende die Versicherung: »Ich habe es gut in jeder Beziehung, Gott sei Dank!« Am 24. April 1902 erfüllte sich für die Pilgerin, was sie einmal in die Worte gefaßt hatte:

> Fest den Blick aufs Ziel gewandt,
> bis sich enge Schluchten weiten:
> vor uns das gelobte Land!

Beate Paulus

1778–1842

Gebete wie Berge um die Kinder her

Ein Buch, das vor Jahren viel gelesen wurde, trug den Titel »Was eine Mutter kann«. Darin ist die Lebensgeschichte der württembergischen Pfarrfrau Beate Paulus erzählt. Eins ihrer überlebenden neun Kinder (drei starben früh), der Sohn Philipp, stellt mit liebevollem, dankbarem Einfühlungsvermögen dar, was für Kämpfe, Nöte und Leiden der Mutter in ihrem Leben zugeteilt waren; vor allem aber wie sie im Glauben an ihren Gott und in unermüdlichem, vertrauensvollem Gebet mannigfache Hilfe von oben erfuhr. Er bringt viele Auszüge aus ihren eifrig geführten Tagebüchern.

Beate Paulus hatte als ihre wichtigste Lebensaufgabe erkannt, sich ihren zahlreichen Kindern zu widmen. Es lag ihr deren zeitliches Wohl, vor allem ihre Erziehung und Berufsausbildung am Herzen. Bedeutsamer aber war ihr das ewige Heil ihrer Söhne und Töchter. Unbeirrt durch viele Rückschläge und Schwierigkeiten ist sie ihrer Aufgabe treu geblieben. Ihre Beharrlichkeit und Zielstrebigkeit ist eindrucksvoll und ermutigend auch für andere. Darum ist es sinnvoll, das Bild ihres Lebens und ihres Wirkens noch einmal für unsere Gegenwart zu zeichnen. Wir zitierten dabei öfter aus dem Buch von Philipp Paulus.

Es sei ein zusammenfassendes Urteil des Sohnes über seine Mutter vorangestellt. Dieses zeigt uns, worin er zutiefst das Geheimnis der Kraft und der Wirkung des mütterlichen Lebens auf das der Kinder sah. Er erzählt von dem hochbegabten, aber ungeratenen Sohn Philipp Jakob Speners, des Vaters des Pietismus. Es war ihm weder mit Liebe noch mit Strenge beizukommen. Alle Ermahnungen nutzten nichts. Da sagte der Vater: »Jetzt kann ich nur noch beten, daß Gott meinen Sohn retten möchte. Wann und wie, das sei ganz ihm überlassen.« Er ließ in seiner Fürbitte nicht nach. Der Sohn wurde schwer krank. Es war eine Krankheit, die ihn für viele Wochen fast stumm und bewegungslos machte, offenbar aber auch Kämpfe und Nöte der Seele einschloß. Auf einmal erhob er mit großer Gewalt die Hände und rief aus gepreßter Brust: »Die Gebete meines Vaters umgeben mich wie Berge!« Er wurde doch noch ein neuer Mensch in Christus. Im Anschluß an diesen Bericht fährt Philipp Paulus fort: »Ebenso haben auch wir es erfahren mit den Gebeten unserer Mutter. Wir hatten auch alle das Gefühl, daß ihre Gebete uns umringten wie Berge, und wir konnten nicht länger widerstehen.«

Vater Hahn und Großvater Flattich

Die am 8. Januar 1778 geborene Beate Paulus hatte einen bedeutenden und originellen Vater: Philipp Matthäus Hahn, den man zu den Vätern des württembergischen Pietismus zählt. Er starb, als Beate 12 Jahre alt war, als Fünfzigjähriger im Jahre 1790 als Pfarrer in Echterdingen auf den Fildern (heute: Stuttgart-Echterdingen). Hahn war ein mathematisches und mechanisches Genie. Er hat Rechenmaschinen und Uhren hergestellt. Berühmt waren seine »Himmelsuhren«, kunstvoll konstruierte Gebilde, welche die Bewegungen der Planeten nachahmten. Er gebrauchte dankbar solche besonderen Gaben, die Gott ihm gegeben hatte, aber er ging in diesen Aktivitäten nicht auf. Er war vielmehr in erster Linie ein Prediger des biblischen Evangeliums mit großer geistlicher Vollmacht. Er erlebte in seinen beiden Gemeinden Kornwestheim und Echterdingen geistliche Aufbrüche als Frucht seiner Verkündigung und seines Wandels. Die Menschen bekehrten sich und suchten im Leben der Heiligung die Ehre Gottes. Manche hielten ihn für den größten Kanzelredner seiner Zeit. Mit ihm geistesverwandt war ein anderer bedeutender Gotteszeuge, der auch Hahn hieß, nämlich der Bauer Michael Hahn aus Sindlingen, der Begründer der Hahnischen Gemeinschaften. Es bestanden aber keine verwandtschaftlichen Beziehungen. Die beiden Männer kannten und schätzten einander und besuchten sich gelegentlich.

Die erste Frau von Philipp Matthäus Hahn starb früh, und er ging eine zweite Ehe ein mit Beate Flattich, der jüngsten Tochter des als schwäbisches Original weithin bekannten Pfarrers Johann Friedrich Flattich in Münchingen bei Leonberg. Das erste Kind aus dieser Ehe erhielt ebenfalls den Namen Beate. Das war unsere Beate, die sich später mit dem Pfarrer Karl Friedrich Paulus verheiratete. Mit großer Liebe hing sie an ihrem Vater, dem sie bald unentbehrlich wurde. Oft rief er: »Wo ist das Mädchen?«, wenn er von ihr Handreichungen und Besorgungen erwartete. So klein Beate noch war, so hatte sie doch früh ein empfängliches Herz für die biblischen Geschichten, die der Vater nach dem

Mittagessen seinen Kindern mit meisterhafter Anschaulichkeit erzählte. Es blieben ihr davon unauslöschliche Eindrücke bis an das Ende ihres Lebens.

Auch die Predigten des sowohl gelehrten wie geistlich tiefgründigen Vaters gingen nicht über ihren Kopf hinweg. Das gilt besonders von den täglichen Abendgottesdiensten, die er in einem größeren Zimmer des Pfarrhauses einer Anzahl von Gemeindegliedern hielt. Dazu kam er mit der Lampe in der Hand aus dem Studierzimmer und grüßte alle Anwesenden freundlich. Der Glanz Gottes schien ihn zu umleuchten. So empfand es jedenfalls die Tochter Beate, und das Bild des Vaters mit der Studierlampe hat sich ihr unvergeßlich eingeprägt. Unter den Konfirmanden saß sie schon vor ihrer eigentlichen Unterrichtszeit und hing wie keins der Kinder sonst an seinen Lippen und war empfänglich für die Saat, die ausgestreut wurde.

Welch ein Schmerz für die ganze Familie und besonders für die zwölfjährige Beate, als der Vater mitten aus gesegneter Wirksamkeit durch seinen frühen Tod abberufen wurde! Aber das geistige Band zerriß nicht. Der Sohn Philipp sagt: »Hing sie schon vorher mit Leib und Seele an ihrem Vater, so schloß sie sich jetzt noch rückhaltloser an den Dahingeschiedenen an und blieb in dieser höheren und ewigen Geistesverbindung in ungeschwächter Innigkeit bis in ihren Tod hinein mit ihm verbunden. Ihr ganzes Leben lang trug sie ihn im Herzen, und wenn sie mehr als ein Menschenleben später mit uns von ihm redete, verklärte sich ihr Antlitz und floß ihr Mund über von Ausdrücken der Liebe und Verehrung, so daß wir oft zu ihr sagten: ›Zu oberst steht dir der liebe Heiland, aber gleich nach ihm kommt dann dein Vater selig.‹« Beate hat das Andenken an ihren Vater auch dadurch wachgehalten, daß sie später mithalf viele seiner geist- und kraftvollen Predigten im Druck herauszugeben.

Die Witwe Hahn zog mit den vier Kindern, mit denen ihre Ehe gesegnet worden war, nach Münchingen zu ihrem Vater Flattich. Dort hatte sie sich vor allem der beiden jüngeren Kinder, Christiane und Fritz, anzunehmen. Die beiden älteren, Beate und Philipp, erhielten vom Großvater Unterricht. Dieser wird folgendermaßen geschildert: »Das war ein ganz eigenartiger Unterricht, wie ihn wohl seit dem alten griechischen Weisen Sokrates kein anderer gab. Für jedes Fach hatte Großvater Flattich eine lange Reihe von Heftchen selbst geschrieben, in denen alle Regeln und Übungen stufenweise fortschreitend aufeinander folgten, so daß der Zögling ohne Unterricht sie selbst durcharbeiten und so für sich von dem einen zu dem andern übergehen konnte. Alles fing beim Einfachsten an, und es konnte kein Schritt vorwärtsgetan werden, ehe der Schüler alles, das darin vorkam, praktisch innehatte. Blieb er stecken und konnte er nicht weitermachen, so war dies nur ein Beweis, daß er nicht alles erfaßt und sich angeeignet hatte, und daß er somit noch einmal von vorn anfangen müsse.

Schnell konnten bei dieser Methode allerdings die Fortschritte nicht sein. Soviel aber hat die Erfahrung und der Erfolg bewiesen, daß Pfarrer Flattichs Schüler – er hatte deren noch mehr als seine beiden Enkelkinder – ihr Ziel auch erreichten und in den Kenntnissen schließlich nicht die schlechtesten waren. Viele bestanden von ihm aus die Maturitäts-(Reife-)Prüfung.«

Die Enkeltochter Beate wurde vom Großvater Flattich konfirmiert. Er hielt es auch für nützlich, ihr einige lateinische Kenntnisse beizubringen. Vor allem aber förderte der Einfluß des Großvaters wie auch das an der Mutter geschaute Beispiel bei der Heranwachsenden die Freude an der Arbeit, an allerlei Dienst und Liebesbeweisen den Menschen gegenüber. Mutter und Tochter brachten z. B. einen großen Teil ihrer Zeit damit zu, für alle armen Frauen des Dorfes warme Unterkleider für den Winter anzufertigen. Als der Großvater – 83 Jahre alt – heimgerufen wurde, war des Bleibens der Witwe Hahn und ihrer Kinder in Münchingen nicht länger. Sie fanden nacheinander in Kornwestheim, Ludwigsburg und Gächingen auf der Schwäbischen Alb eine Bleibe, von Verwandten und Freunden aufgenommen.

An all diesen Plätzen setzte Beate ihre Kräfte in der Fürsorge für die eigene Familie ein. Doch wurde sie auch immer wieder einmal gebeten, hier und da bei Verwandten und Bekannten auszuhelfen. Sie konnte dabei u. a. ihre Kochkunst vervollkommnen. Überall war sie gern gesehen, weil sie sich vor keiner Arbeit scheute, mit ihrem praktischen Sinn und ihrer körperlichen Ausdauer immer fröhlich zupackte und ihr dienstwillige Aufopferung und Unterordnung selbstverständlich war.

Eine plötzliche Verlobung

Es war die Luft pietistischer Frömmigkeit, die Beate Hahn von ihrer frühen Jugend an im Elternhause und im Umgang mit dem Großvater Flattich eingeatmet hatte. An der Gottessohnschaft Jesu und an der von ihm vollbrachten Erlösung sowie an der völligen Zuverlässigkeit der Bibel bestand für sie nicht der geringste Zweifel. Damit verband sich für sie die Freude am Zusammenkommen der Gläubigen zu biblischer Gemeinschaft, wie sie dem Pietismus ja eigen ist. Ganz anders war der Mann geartet, mit dem sie sich überraschend plötzlich verlobte und den sie am 24. April 1880 heiratete.

Karl Friedrich Paulus war der älteste Sohn des Oberamtmanns und Hofrats Paulus aus Schorndorf im Remstal. Der Vater galt als der angesehnste und einflußreichste Mann in der Stadt. Er war ein rechtschaffener und in seiner Art auch frommer Mann, der selten in der Kirche fehlte. Er kannte jedoch nicht den persönlichen Heilsglauben an den Herrn Jesus Christus, in dem Vater Hahn und Großvater Flattich gelebt hatten und gestorben waren. Die Mutter Paulus war eine gebildete und für geistige Anregungen der verschiedensten Art sehr empfängliche Dame. Sie konnte sich für alle möglichen religiösen und philosophischen Anschauungen begeistern. Bis auf die persische Religion des Zoroaster erstreckte sich ihr Interesse. Als einer ihrer Söhne, dessen Geist zu allerlei seltsamen Gedankenflügen aufstieg, meinte, er habe die ewigen Weltgesetze entdeckt und könne jetzt Gold herstellen, baute sie ihm ein kleines Laboratorium und wartete mit ihm gespannt auf die Ergebnisse seiner Experimente, die natürlich zu nichts führten. Die »Einfalt in Christus«, die schlichte Konzentration auf den biblischen Gottes- und Christusglauben war dieser geistig so beweglichen, sprunghaften Frau fremd.

Das älteste ihrer neun Kinder, den Sohn Karl Friedrich, bestimmten die Eltern zum Studium der Theologie. Sie meinten, er habe dafür gute geistige Gaben und Anlagen. Nach seiner geistlichen Bereitschaft fragten sie nicht. Als er sein Studium in Tübingen begann, drang der Geist der sogenannten Aufklärung und des Fortschritts immer mehr unter den Theologen, Professoren wie Studenten, ein. Der klare Bibelglaube, der mit den Wundern der Heiligen Schrift wegen der Gewißheit der Allmacht Gottes keine Schwierigkeiten hat, erschien vielen als zu einfach und unwissenschaftlich. Es müsse alles von der Vernunft geprüft werden und sich vor ihr ausweisen können. Ein Vetter von Karl Friedrich, der später ein berühmter rationalistischer Professor wurde, war in der Richtung dieser Aufklärungsfrömmigkeit schon ein gutes Stück gewandert und beeinflußte seinen Verwandten kräftig. Dieser war allerdings so weitherzig, daß er auch vor dem Pietismus des Pfarrers Philipp Matthäus Hahn, den er kannte, Respekt hatte. Er korrespondierte mit ihm über theologische Fragen.

Nach Beendigung seines Studiums hielt sich Karl Friedrich Paulus vier Jahre lang im Elternhause auf, um seine jüngeren

Brüder zu unterrichten. Anschließend wurde er Mitarbeiter an einer Zeitschrift, die das Gedankengut der Aufklärung vertrat. Er lernte Leuchten der damaligen Dichtung und Wissenschaft kennen wie Goethe und Schiller, Herder und Lavater und wurde von ihnen geschätzt. Es wurde ihm eine Professur in Jena angetragen. Er kam aber von der Gestalt und den Worten Christi nicht los und meinte je länger je mehr, darin übermenschliche und übernatürliche Züge zu entdecken, so daß er dem flachen Rationalismus vieler Theologen und Philosophen von damals nicht erlag. Es zog ihn von der literarisch-wissenschaftlichen Laufbahn in den Kirchendienst seiner schwäbischen Heimat. Zunächst hatte er verschiedene Vikarstellen inne. Er war schon 36 Jahre alt, als er dann die Pfarrei Klosterreichenbach unweit Freudenstadt im Schwarzwald übernahm.

Paulus meinte nun, es sei an der Zeit, sich zu verheiraten. Er bat Verwandte, ihm beim Finden der rechten Frau zu helfen. Diese hatten auch verwandschaftliche Beziehungen zur Familie Hahn. Als Beate sie einmal in Stuttgart besuchte, war gerade der »Freier« Paulus kurz vorher auch dort eingetroffen. Der Hausherr war sein Schwager und zugleich Beates Onkel. Daß die beiden zu gleicher Zeit in seinem Hause weilten, das – so meinte er – konnte nicht von ungefähr sein. Er machte seinen Schwager auf die 14 Jahre jüngere Beate Hahn aufmerksam. Dieser beobachtete das Mädchen aufmerksam, was ihr zwar auffiel, aber zunächst keinen Verdacht in ihr weckte. Um so erstaunter war sie dann, als der Onkel ihr schlankweg bedeutete, Pfarrer Karl Friedrich Paulus sei der rechte Lebensgefährte für sie. Er tat das mit so starker Betonung seiner onkelhaften Autorität – die damals in den Familien, besonders in denen ohne Väter, noch sehr viel galt –, daß die verschüchterte Beate sich nur fügen konnte. Als sie darauf hinwies, daß die Mutter doch eigentlich um ihre Zustimmung gefragt werden müsse, erklärte der Onkel kurz und bündig: »Das bringe ich schon mit meiner Schwester in Ordnung.«

Es kam dann Hals über Kopf zur Verlobung. Beate konnte sich mit diesem stürmischen Vorgehen darum etwas leichter abfinden, weil der Onkel ihr versicherte: »Deinem zukünftigen Mann ist sehr daran gelegen, eine Tochter des von ihm verehrten Pfarrers Hahn zu ehelichen. Er will eine Frau haben, die er mit sich in den Himmel nehmen kann.« Als die Mutter von allem erfuhr, war sie verständlicherweise höchlichst überrascht, versagte aber ihre Einwilligung und ihren mütterlichen Segen nicht. Natürlich blieb ihr nicht verborgen, daß der ganze Lebenszuschnitt und die Frömmigkeitsart des Bräutigams von dem in manchem abwich, was ihr in ihrer Bescheidenheit und schlichten Glaubenseinfalt vertraut war. Sie machte sich aber mit Eifer über die Aussteuer ihrer Tochter her, und schon bald folgte die Hochzeit. Danach ging es nach Klosterreichenbach, wo das eigene Heim eingerichtet wurde.

Die ersten zehn Jahre

Lassen wir uns zum besseren Verständnis der zwischen Karl Friedrich Paulus und Beate Hahn geschlossenen Ehe vom Sohn Philipp noch einmal an die inneren Unterschiede zwischen den Eltern erinnern: »Auch Vater bekannte sich zu der evangelischen Lehre, wie sie in der Heiligen Schrift gegründet ist, und nahm sie an als göttliche Wahrheit und als die untrügliche Anweisung zur ewigen Seligkeit. Allein die Schrift und alles, was darin steht, war für seinen regen und hellen Geist nur ein interessanter Stoff des Nachdenkens und eine reiche Quelle der Belehrung und sittlichen Belebung des Volkes. Daher beschäftigte er sich auch in seinen Predigten fast ausschließlich damit, Christus als das Ideal der Sittlichkeit und wahren Lebensweisheit darzustellen und daran alle möglichen Ermahnungen zur Übung guter Werke anzuknüpfen.

Der Mutter aber standen in der Schrift das gottselige Geheimnis der Erlösung in der Sendung Christi in die Welt, der rechtfertigende Glaube an unsere Versöhnung durch sein Leben, Leiden und Sterben, der Eintritt in sein Reich und das Trachten nach dessen Gerechtigkeit, die persönliche Verbindung mit ihm, dem Haupt, und die Aneignung aller seiner Verheißungen, kurz die Auffassung des Christentums als Herzenssache obenan.« Daß die Eltern sich bei solcher Verschiedenartigkeit jedoch nicht ehegefährdend auseinanderlebten, erklärt der Sohn folgendermaßen:

»Die Grundverschiedenheit in der Lebensauffassung hinderte weder den Vater noch die Mutter, in einem gegenseitigen Verhältnis der Achtung und Liebe zusammenzuleben. Er konnte nicht umhin, ihre Frömmigkeit, wie weit sie auch von der seinigen abwich, doch als echte Herzensgesinnung anzuerkennen und zu schätzen, während er durch ihre liebliche Erscheinung sowie durch ihre geistige Begabung sich mächtig zu ihr hingezogen fühlte. Sie aber sah auf das Gute, das er hatte, und hoffte, daß das, was ihm nach ihrer Ansicht noch fehlte, mit Gottes Hilfe schon auch noch kommen werde. Dabei stand ihr das eine unerschütterlich fest, daß Gott sie zusammengeführt habe und ihre Ehe eine im Himmel geschlossene sei, und ebenso auch, daß es ihre Pflicht und

Aufgabe sei, danach zu trachten, daß sie ihrem Manne gefalle und er mit ihr zufrieden sein könne.«

Eine besondere Gunst Gottes sah die junge Ehefrau darin, daß ihre geliebte Mutter ihren Haushalt in Gächingen auf der Alb aufgab und zur Tochter nach Klosterreichenbach zog. Ihre Söhne, Beates jüngere Brüder, wurden von Pfarrer Paulus gern unterrichtet, wie dieser auch seine Schwiegermutter mit liebevoller Zustimmung aufnahm. Daran konnten gelegentliche Wortwechsel nichts ändern. Allerdings zog die Witwe Hahn schon nach zwei Jahren nach Ludwigsburg weiter, weil zwei der Söhne dort jetzt die Schule besuchten. Im Pfarrhaus in Klosterreichenbach wurde es jedoch nicht leerer, weil sich jetzt eigener Nachwuchs einstellte und, angefangen mit einer Tochter Beate, Kind auf Kind folgte: Pauline, Fritz und Wilhelm. Groß war allerdings der Schmerz, der jungen Pfarrfrau, als ihre beiden Brüder Philipp und Fritz kurz hintereinander starben. Das Schwesterchen Christiane war schon früher abberufen worden.

Nun war Beate Paulus von den Kindern des Pfarrers Philipp Matthäus Hahn allein übriggeblieben. Wie dankbar war sie, daß sie die Mutter noch hatte! Diese kehrte zu ihr zurück. Sie hatte ihr Stübchen und konnte allein sein, wann immer sie wollte. Gern war sie aber auch mit Beates Kindern zusammen und sagte von ihnen: »Das Vergnügen im Umgang mit ihnen überwiegt weit die bei Kindern unvermeidliche Unruhe und Unarten.« Sie half zwar auch ihrer Tochter im Haushalt, war aber vor allem mit Gold nicht zu bezahlen in dem, was sie für ihre Enkelkinder tat. Sie führte sie mit ihrer lebendigen Erzählweise in die biblische Geschichte ein, von der Schöpfung und dem Sündenfall an bis zu den Taten der Apostel und klammerte selbst die Offenbarung des Johannes nicht aus. Die Kinder hingen dabei an ihrem Munde, wie sie auch mit ihrem ganzen Herzen der Großmutter zugetan waren.

Es wurde den Eltern ein Töchterchen Mathilde geboren, das aber schon bald starb. Weiter gesellte sich ein Sohn Philipp dazu. Er ist es, der später die Geschichte seiner Mutter aufgeschrieben hat. Die wachsende Familie durchzubringen, erforderte viel Mühe und Geschicklichkeit seitens der Hausfrau. Die Bareinnahmen eines Pfarrers damals waren nicht sehr hoch, vieles mußte die dazu gehörige Landwirtschaft beisteuern. Für diese wußte sich vor allem die Mutter verantwortlich. Sie hatte über Arbeitsmangel nicht zu klagen. Aber noch eine andere Beschäftigung lag Beate am Herzen. Das war die Durchsicht des reichen Nachlasses ihres Vaters. Es lagen von ihm viele Tagebücher, Briefe und Aufsätze sowie ungedruckte Predigten vor. Sie verzichtete nachts oft auf

Stunden des doch so nötigen Schlafs, um sich in die Schätze dieses Nachlasses hineinzulesen. Die oft undeutliche und fast unleserliche Handschrift des Vaters erschwerte die Arbeit. Aber die liebevolle Tochter ließ nicht locker und brachte es allmählich zu einer erstaunlichen Fertigkeit im Lesen und Entziffern.

Im Frühjahr 1810 übernahm Paulus eine neue Pfarrstelle in Ostelsheim bei Calw. Wirtschaftlich und finanziell war das keine Verbesserung. Frau Beate versuchte durch den Ankauf von Äckern und Vieh die Ernährungsgrundlage für die Familie zu verbreitern. Die Erfolge waren zunächst mäßig. In eine sehr mißliche Lage kam die Mutter dadurch, daß Verwandte ihres Mannes ihre Führung des Haushalts und der Landwirtschaft kritisierten: Wenn es darin zu allerlei Engpässen käme, dann sei vor allem ihr Unvermögen daran schuld. Leider ließ sich der Gatte von diesem Mißtrauen eine Zeitlang anstecken, was dem Frieden in der Ehe natürlich nicht dienlich war. In dieser notvollen Zeit wurde Christoph, der vierte Sohn, geboren.

Es kam noch schlimmer. Die Verwandten von Pfarrer Paulus setzten es durch, daß eine seiner Schwestern nach Ostelsheim kam, um den durcheinandergeratenen Haushalt wieder in Ordnung zu bringen. Beate wurde also gleichsam wegen Unfähigkeit abgesetzt. Das war eine Demütigung, die verkraftet werden mußte.

Bald erwies sich jedoch, daß die neue Haushälterin die in Wahrheit unfähige war. Sie griff das bißchen, was an Geld und Vorräten noch vorhanden war, mit großzügigen Händen an, und die Lage verschlechterte sich, statt daß sie besser wurde. Das erkannte schließlich auch der Vater. Er sah ein, daß er seiner Frau Unrecht getan hatte, als er auf die Ohrenbläsereien seiner Verwandten hörte. Sie bekam wieder die volle Verfügungsgewalt über alles. Durch die vorangegangenen Vorfälle war ihre Aufgabe natürlich nicht leichter geworden.

Vom Rand des Todes gerettet

Im Herbst 1811 wurde Beate Paulus von einer gefährlichen Typhuserkrankung befallen. Der Arzt fand die Krankheit sehr bedenklich und bereitete Paulus schon darauf vor, er müsse wohl mit dem Verlust seiner Gattin rechnen. Sechs Kinder, von denen das älteste zehn Jahre alt war, umstanden weinend das Lager der Mutter. Was dann weiter geschah, darüber hören wir den Sohn als Augen- und Ohrenzeugen:

»Die Krankheit hatte acht Tage in voller Kraft gewütet. Vergeblich wartete der Vater von einem Tag zum andern auf die Wendung. Vergeblich kamen die unschuldigen Kinderlein ans Krankenbett und bedeckten die liebe Mutter mit Liebkosungen unter der kindlichen Bitte, bei ihnen zu bleiben. Sie wurde immer schwächer und schwächer, so daß man alle Hoffnung schwinden lassen mußte. Man sah in der Tat den Tod mit raschen Schritten herannahen, und die Großmutter, die schon vor der Krankheit auf Besuch gekommen war, fing bereits an, das Leichentuch und was sonst vonnöten schien zu rüsten und vorzubereiten. Im Dorf aber rief die Nachricht, daß die Frau Pfarrerin am Sterben sei, alles auf die Beine. Alle wollten sie noch einmal sehen und strömten ins Pfarrhaus. Das Zimmer füllte sich allmählich ganz mit Leuten; denn niemand wollte wieder gehen, sie wollten alle ihr Ende abwarten. Der Vater saß am Bett, mit einer Hand sein Angesicht verhüllend, mit der andern die Hand der Sterbenden haltend, versunken in stummen, unaussprechlichen Schmerz. Neben ihm standen die Kinder in gedrängter Schar und streckten ringend und schluchzend ihre zarten Händlein nach der geliebten Mutter aus, als wollten sie sie halten und nicht sterben lassen.

Es war ein ergreifender Anblick, und alles zerfloß in Tränen. Nur eine Seele war ruhig und weinte nicht, und das war die Mutter selbst. Sie hatte abgeschlossen und war fertig zum Sterben. Sie hatte nichts mehr in dieser Welt zu tun, als Abschied zu nehmen. Da richtet sie das brechende Auge noch einmal auf ihren geliebten Mann, zieht ihn mit zitternder Hand an ihr Herz und gibt ihm den letzten Kuß. Dann wendet sie sich zu den Kindern und winkt auch ihnen. Sie drängen sich schluchzend und weinend herzu, und sie umarmt auch sie noch einmal zum Abschied. Endlich gibt sie auch den übrigen Leuten ein Zeichen. Sie kommen und empfangen auch noch eine Hand. Darauf öffnet sich noch einmal ihr Mund, und sie spricht mit brechender Stimme: ›Meine Stunde ist gekommen, ich bin am Ziel. Aber ist es nicht der Mühe wert gewesen, um etwas mehr als 30 Jahre willen Millionen Jahre Seligkeit zu erlangen?‹

Dann schließt sie die Augen und sinkt in den letzten Kampf. Alle, die um ihr Sterbebett versammelt sind, haben nur ein Gefühl: daß alle Hoffnung aus sei und Rettung nur durch ein Wunder dessen, der auch dem Tode gebieten kann, geschehen könne. In diesem Gefühl wenden sich jetzt aller Herzen nach oben und rufen in unaussprechlichen Seufzern Gottes Erbarmen an. Plötzlich erhebt sich der Vater, als erwache er aus einem Traum, gibt den Kindern einen bedeutungsvollen Wink und verläßt mit ihnen die Trauerstätte. Mit fragenden Blicken stehen und sehen's die andern. Er aber eilt mit seinen Kindern die Treppe hinauf, und diese folgen ihm, wie Schäflein ihrem Hirten folgen, ohne zu wissen, wo's hingeht. Er geht dem Studierzimmer zu, öffnet rasch die Tür und läßt sie, dort angekommen, im Kreise herum niederknien. Dann kniet er selbst auch nieder in ihrer Mitte, faltet die Hände und betet zu Gott, er wolle in Gnaden sich über ihn und seine Kinder erbarmen und die geliebte Mutter ihnen lassen. Er wisse wohl, daß er's nicht wert sei, aber er möchte die armen Kindlein, die alle der Pflege und Leitung der Mutter noch sehr bedürftig seien, ansehen und um ihretwillen seine Bitte erhören.

Wir Kinder lagen auf unsern Knien und hörten's, und ein heiliger Schauer ergriff unsere Seelen, als befänden wir uns im oberen Heiligtum vor dem Thron des Ewiglebendigen. Als der Vater sich wieder erhob und wir seinem Beispiel folgten, war's uns zumute, wir wußten nicht, wie. Das Weinen und Schluchzen hatte aufgehört, und ein geheimnisvolles Warten, was jetzt kommen würde, war an seine Stelle getreten. Darauf sah der Vater uns mit einem wunderbaren Blick der zärtlichsten Liebe an und sagte mit milder, herzergreifender Stimme: ›So, Kinder, kommt, jetzt wollen wir wieder zur Mutter gehen.‹ Hiermit schritt er wieder voran, und wir folgten ihm nach, zum Studierzimmer hinaus, die Treppe hinab und wieder ins Zimmer hinein, wo die andern, so wie wir sie kaum erst verlassen hatten, noch standen und uns mit großen Augen empfingen.

Wir hatten unsere Plätze am Krankenbett wieder eingenommen. Aber niemand vermag zu schildern, was in unser aller Herzen jetzt vorging. Eine Stille, wie die Stille der Ewigkeit, trat ein. Keine Hand bewegte sich, kein Fuß regte sich, kein Schmerz verlautete mehr, selbst aller Atem ging stille. Nur die Augen waren noch tätig, sie waren alle auf das erblaßte Angesicht der Mutter gerichtet, als gälte es, die Sterbende wieder lebendig zu sehen. Und wirklich! Es dauerte nicht lange, da öffnete sie plötzlich die schon zum Tode geschlossenen Augen und fing wieder an zu reden. Sie sagte mit kaum hörbarer Stimme: ›Die Leute sollen nur fortgehen, ich sterbe nicht.‹ Sie folgten und gingen in lautloser Stille. Sie aber erholte sich von Stund an zum Erstaunen der Ärzte und erzählte nach kurzer Frist: ›Ich stand schon an der Pforte der Ewigkeit und sah meine Brüder, die gekommen waren, mich abzuholen. Ich freute mich, aber auf einmal kam mir der Gedanke: Wenn mein Leben für meine Kinder noch etwas nützen könne, so solle es Gott mir erhalten. Und unmittelbar darauf wußte ich gewiß, daß Gott es tun werde.‹

Die Besserung schritt nun von Tag zu Tag vorwärts, doch nicht so rasch, wie wir wünschten und hofften. Die ganze Krankheit dauerte, bis die Mama völlig wieder hergestellt war, zwölf Wochen. Aber wir hatten genug, wir hatten doch unsere Mutter wieder und fühlten im innersten Grunde der Seele: ›Gott hat sie uns wieder geschenkt.‹ Was freilich Gott uns mit ihr wiedergegeben hatte, das wußten wir damals noch nicht, das sollte erst die Zukunft enthüllen. Die Mutter aber wußte nun, wozu sie noch am Leben blieb und was ihr eigentlicher Beruf und die Hauptaufgabe sei, deren Lösung ihr obliege. Fortan lag ihr als Wichtigstes am Herzen, den Sinn ihrer Kinder auf das Göttliche hinzulenken. Als das Hauptmittel, die Furcht Gottes in unsere Herzen zu pflanzen, erkannte sie das Erzählen der biblischen Geschichten, was sie denn auch mit großem Eifer und unbegreiflicher Ausdauer sich angelegen sein ließ. Das war uns Kindern auch das Liebste. Noch jahrelang nachher hieß es ›Mutter, erzählen! Erzählen!‹«

Pauline am ewigen Ziel

Keine vier Jahre blieb Karl Friedrich Paulus in Ostelsheim. Dann übernahm er die Pfarrstelle in Talheim im Kreis Tuttlingen. Im Dezember 1813 zog er dort ein.

Nach einem halben Jahr vermehrte sich die Familie um einen Sohn, der den Namen Immanuel erhielt. Und dann ließ Gott die Mutter, wenn auch auf eine sehr schmerzliche Weise, erleben, daß ihre betende Sorge um das Seelenheil ihrer Kinder nicht vergeblich war. Eine Typhusepidemie hatte sich in Talheim ausgebreitet. Auch im Pfarrhaus legte sich eins nach dem andern, doch wurde zunächst niemand gefährlich krank. Am meisten traf es die zwölfjährige Pauline, die sich gar nicht mehr recht erholen konnte. Seitenschmerzen und Krämpfe machten ihr zu schaffen. Sie war ein lustiges Kind gewesen, das fast etwas zum Leichtsinn neigte. Als ihre Krankheit gar nicht weichen wollte, stellte man an ihr eine merkwürdige Veränderung zum Ernst fest. Sie sagte ihren Angehörigen, sie freue sich, jetzt zu wissen, daß ihre Sünden vergeben seien. Sie ermahnte ihre Geschwister, fromm und folgsam zu sein. In ihren Schmerzen tröstete sie sich mit den Worten: »Der Heiland hat viel mehr gelitten, und weil er so gelitten hat, will ich auch gerne leiden.« Mit solchem Ernst verband sich aber auch wieder eine kindliche Fröhlichkeit und Unbefangenheit. Im Bett vertrieb sie sich die Zeit damit, daß sie mit ihrer Puppe spielte.

Pauline wurde nicht mehr gesund, Gott holte das Kind heim. In ihrem Leid war die Mutter durch die Gewißheit gestärkt, daß das erste ihrer Kinder seiner Seelen Seligkeit erlangt hatte.

Im Kampf um die Kinder

Wenn die Pfarrei Talheim wirklich das erhoffte höhere Einkommen bringen sollte, dann mußte man den landwirtschaftlichen Betrieb zu heben versuchen. Dazu mußte aber mehr Ackergerät und Vieh angeschafft werden. Vater Paulus verstand weder vom Haushalt noch von der Landwirtschaft etwas. Ihn interessierte beides herzlich wenig. Er hätte es am liebsten gesehen, wenn man die Pfarrgüter alle verpachtet hätte. Dann hätte man doch nach seiner Meinung eine – wenn auch nicht allzu große – ständige Einnahme gehabt. Aber selber alles bewirtschaften, die Hilfe von Tagelöhnern in Anspruch nehmen, immer vom Wetter abhängig sein, beim Vieh durch Krankheiten Verluste erleiden usw. – das alles erschien ihm viel zu risikoreich. Die Mutter aber wollte, was dem Vater hinderlich erschien, gern in Kauf nehmen. Sie war der guten Hoffnung, daß man nach den Anfangsschwierigkeiten allerlei aus der Feldern und Ställen herauswirtschaften und davon die Ausbildung der älteren Söhne finanzieren könne. Die Hauptlast von allem lag auf ihr, doch hatte sie eine fast unermüdliche Arbeitskraft und war das Schaffen vom Morgen bis in die Nacht hinein von Jugend auf gewohnt. Doch zerrte es manchmal an ihren Nerven, wenn sie so vieles gegen die Gleichgültigkeit oder gar den Widerwillen ihres Mannes durchsetzen mußte.

Mit dem Unterricht der beiden Söhne Fritz und Wilhelm wurde es zunächst so gehalten, daß der Vater und die Großmutter, die von ihrem Vater Hahn sogar lateinische, griechische und hebräische Sprachkenntnisse mitbekommen hatte, sich darin teilten. Allzuviel kam dabei nicht heraus, da die Großmutter manchmal kränkelte und der Vater oft durch Amtsgeschäfte abgehalten wurde. Wenn die Kinder wirklich etwas lernen sollten, dann mußten sie auf eine regelmäßige Schule gebracht werden. Der Vater behauptete, daß ihm dazu das Geld fehle. Warum sollten die Buben denn kein Handwerk lernen? Dabei könne man auch glücklich sein. Schließlich willigte er aber doch ein, daß die Söhne in die Lateinschule in Tuttlingen eintraten. Die Mutter hoffte, das, was als Schul- und Kostgeld nötig war, aus der Landwirtschaft erübrigen zu können. Sie war so froh, daß nun für die ersten Enkel des Pfarrers Hahn eine Tür zu einem »höheren Beruf« sich aufzutun schien.

Aber die erhofften besseren Erträge und Erfolge aus der Landwirtschaft stellten sich nicht oder nur sehr kümmerlich ein. Es blieb ein Hängen und Würgen, was die Finanzlage betraf. Der Vater war deswegen oft schlechter Laune. Der Mutter blieben Stunden bitterer Anfechtung nicht erspart. Diese vertraute sie je und dann ihrem Tagebuch an: »Die Not häuft sich, und ich kann nicht helfen, und meiner hat Gott vergessen; der, der verheißen hat zu helfen denen, die sich auf ihn verlassen. Von Jugend auf ist Gott mein Trost und meine Zuversicht; aber er hat nun meiner vergessen. Ich versinke in tiefem Schlamm, da kein Grund ist. Unsere Väter hofften auf dich, und du halfst ihnen, aber ich bin ein Wurm und kein Mensch. Man schmäht mich noch, daß ich auf dich hoffe. Wann wirst du deine Gnade zu mir kehren? Du hast mich geschlagen, wirst du mich auch heilen?«

Solche bedrückenden Stunden kehrten jahrelang immer wieder. Wir könnten viele Seiten mit bangen und zweifelnden und doch auch wieder hoffenden Sätzen – wie die eben zitierten – aneinanderreihen. Doch erfüllte sich auch immer wieder bei Mutter Beate die Wahrheit des Versleins, das in ihrer Zeit noch nicht gedichtet war:

»Immer, wenn du meinst, es geht nicht mehr,
kommt von irgendwo ein Lichtlein her.«

Im vorliegenden Falle folgte auf die angeführte wehmütige Tagebucheintragung bald eine andere: »Es tröstete mich der Vers: ›Denn nach dieser Lebensmüh will er ewig mich erquicken.‹ Und ich werde nicht müde zu bitten:

›Will der Weg mir lange werden,
zeige mir das nahe Land!
Ist das Leben voll Beschwerden,
stärk uns nur dein Wort die Hand!‹«

So sehr es die äußeren, wirtschaftlichen Sorgen waren, welche die Mutter, die das Ziel der Ausbildung ihrer Kinder nicht aus den Augen verlieren wollte, bedrückten und so geflissentlich sie um deren Wegnahme bat und sich mühte – das andere war ihr doch wesentlicher, was sie als Gebetsseufzer in ihr Tagebuch schrieb: »Gott wolle auch ferner helfen, besonders auch in dem, was sein Reich befördert, was ja die Hauptsache ist, und wolle den Kindern seinen Geist ins Herz geben, wofür ich ihn täglich bitte.« Vom Jahre 1816 an umfaßte diese Bitte auch das neugeborene Töchterchen Friederike.

Mädchen wurden damals nicht auf Schulen zur Ausbildung für einen »höheren Beruf« geschickt. Für ihre Tochter Beate setzte sich die Mutter aber insofern ein, daß sie diese zu einer Tante in Eßlingen am Neckar ins Haus gab, wo sie mancherlei für den »feineren Haushalt« lernen konnte. Ein Sonntagskleid, das Beate bisher nie besessen hatte, das für diesen Zweck aber nötig war, mußte dem Vater mehr oder weniger abgetrotzt werden.

Es zeigte sich, daß es in Leonberg eine bessere Schule gab, als es die in Tuttlingen war. Dorthin wurden darum die Söhne Fritz und Wilhelm gegeben. Ihren Unterhalt zu bestreiten, wurde aber immer schwieriger. Eine allgemeine Teuerung suchte Württemberg heim, wie es sie seit 100 Jahren nicht mehr gegeben hatte. In diese schwere Zeit fiel die Geburt eines weiteren Kindes, eines Schwesterchens, das aber schon nach wenigen Tagen starb. Die Mutter verzichtete oft für sich aufs Brot, um für die Tagelöhner, die zu den Feldgeschäften benötigt wurden, etwas zu haben. Manchmal buk sie Brot aus Wurzelmehl, das aber kaum jemandem schmeckte.

Sehr wurde sie von den Vorwürfen niedergedrückt, die ein von ihr hoch verehrter Onkel machte. Er warf ihr vor, daß sie das Studieren ihrer Söhne erzwinge, während sie doch die Mittel dazu nicht habe. Sie wolle eben oben hinaus. Man müsse aber nicht höher fliegen wollen, als man könne. Diese Anschuldigung trieb sie in ein langes Nachdenken, ob die denn wirklich auf falschem Wege mit dem Einsatz für ihre Kinder sei. Beruhigt kam sie schließlich zu folgendem Schluß:

»Ich habe mich geprüft, ob an der Beschuldigung etwas Wahres sei, ob etwa wirklich Eigensinn oder Hochmut dahinter steckt. Allein ich habe gefunden, es ist nichts derartiges im Spiel, sondern ich habe meine guten Gründe für das, was ich tue: Vor allem geht es um das Seelenheil meiner Kinder. Denn der Mensch und besonders junge Leute müssen eine Freude haben. Läßt man sie das nicht lernen, was ihnen Freude macht, so suchen sie andere Freuden, sinnliche, im Anfang unschuldige. Aber es kommt dann bald an das ›sinn‹ ein ›d‹ hinzu, es werden aus den ›sinnlichen‹ ›sündliche‹ Freuden, und so gehen sie dann verloren. Zweitens aber kommen die Kinder, wenn sie studieren, mir wenigstens alle Halbjahre aus Anlaß der Vakanz (Ferien) wieder unter die Augen, und da habe ich gute Gelegenheit, auf sie zu wirken, was nicht so ist, wenn sie ein Handwerk lernen und frühzeitig in die

Fremde gehen. Zum dritten möchte ich das Angesicht meines Vaters nicht sehen, wenn ich herüberkäme in die Ewigkeit und hätte meinen Kindern nicht so fortgeholfen, wie ich's irgend vermochte hätte. Er hat es sich sauer werden lassen, etwas zu verdienen, damit seine Kinder die Armut nicht so bitter fühlen dürften wie er. Wie sollte ich es verantworten, wenn ich es schon an den Enkeln fehlen ließe, sie etwas Tüchtiges lernen zu lassen?

Ich weiß, daß ich es vor Gott recht mache, und darum bin ich ganz ruhig. Es heißt ja in der Bibel: ›Wenn jemandes Wege dem Herrn wohlgefallen, so macht er auch seine Feinde mit ihm zufrieden.‹« In der Tat, in späteren Jahren hat der genannte Onkel – und andere Verwandte mit ihm – Beate Paulus hoch gelobt, daß sie sich so unermüdlich für ihre Kinder und ihre Ausbildung eingesetzt habe.

Auch das Hungerjahr 1817 ging vorüber. Doch erklärte an dessen Ende der Vater, das Schul- und Kostgeld für die Buben in Leonberg sei nicht mehr länger aufzutreiben, sie müßten nach Hause zurückkehren. Gegen alles Bitten und Dawiderreden der Mutter blieb er bei dieser seiner Entscheidung. Zu solcher Betrübnis kam für Frau Beate noch die andere, daß ihre Mutter Talheim verließ und zu einem Sohn aus der ersten Ehe ihres verstorbenen Mannes nach Güglingen an der Zaber, nicht allzuweit von Heilbronn entfernt, zog. Sie blieb zwar noch, bis ihre Tochter ein Mädchen Pauline – benannt nach der frühverstorbenen ersten Pauline – zur Welt gebracht hatte. Dann aber zog sie aus, weil sie für ihr zunehmendes Alter mehr Ruhe suchte.

Es war eine schwere Stunde für Beate, als ihr Mann die Kinder aus Leonberg heimbrachte. Sie schreibt: »Ich schrie Tag und Nacht zu Gott, daß er doch für meiner Kinder Ausbildung sorgen möchte, er solle doch Wege machen. Ich lag manche Stunde auf dem Speicher vor Gott und bat den Heiland immer wieder, er habe ja vom Kreuz herab auch noch für seine Mutter gesorgt, er solle mir auch helfen, daß meine Kinder auch versorgt würden.«

Nun begannen die Eltern, den Fritz und den Wilhelm wieder selber zu unterrichten. Die Mutter hatte einst von ihrem Großvater Flattich Latein und andere Gymnasialfächer ziemlich gut gelernt. Was sie nun mit ihren beiden Buben tat, schildert der Sohn Philipp anschaulich folgendermaßen: »Sie fing mit ihnen die lateinischen Deklinationen und Konjugationen an, dabei mußte sie aber zugleich ihre Haushaltungs- und Feldgeschäfte besorgen. Da war es nun sehr oft nicht anders zu machen, als daß sie beides zu vereinigen suchte; und so kam es oft vor, daß wenn sie gerade eine Tätigkeit auf dem Felde zu verrichten hatte, die ihr erlaubte, nebenher zu reden, sie sofort die Knaben vom Spiel wegrief und mit auf den Acker nahm. Sie ging dann mit ihnen ihre Deklinationen und Konjugationen durch, während sie z. B. Kartoffeln hackte. Oder wenn sie am Zuber stand und wusch, mußten sich die Knaben in ihrer Nähe aufstellen und ihre lateinischen Deklinationen aufsagen.«

Durchschlagende Erfolge konnte man bei dieser originellen Lernmethode kaum erwarten. Der Vater gab zwar auch Unterricht, aber wegen seiner andern Pflichten sehr unregelmäßig. Die Buben blieben sich oft selber überlassen und streiften viel lieber in den Wäldern und Bergen umher, als daß sie die Schulbank drückten. In einer Sache blieb die Mutter aber rührend treu: im Erzählen der biblischen Geschichten für alle ihre Kinder. Sie benutzte dazu die beiden Bände des »Historienbuches«, in denen das gesamte Alte und Neue Testament vereinigt waren und deren große, anschauliche Bilder die Augen und Herzen der Kinder ungemein fesselten.

Nicht nur ihren eigenen, auch den andern Kindern im Dorf galt die Liebe und Fürsorge der Mutter. Sie machte für diese eine eigenartige Sonntagschule auf. Sie ließ sie nicht ins Pfarrhaus kommen, sondern ging – mit dem Historienbuch unter dem Arm – zu ihnen in ihre Häuser. Sie zog von einem Haus zum andern, und oft gingen die Kinder, die schon in ihrem Elternhaus zugehört hatten, auch noch in ein Nachbarhaus mit. Sie konnten nicht genug kriegen von den spannend erzählten Geschichten und den herrlichen Bildern. Auch auf der Straße blieb die Mutter am Erzählen und beantwortete Fragen von Wißbegierigen. Eine solche »wandernde Sonntagschule« wie in Talheim hatte die Welt bis dahin vielleicht noch nie gesehen!

Eine solche erfreuliche, ermutigende Tätigkeit der Mutter konnte natürlich nicht die Sorge um ihre Kinder und deren systematische, straffe Ausbildung verringern oder aus der Welt schaffen. Doch trat sie damit immer wieder in ihren Gebeten vor das Angesicht des himmlischen Vaters und empfing auch immer wieder, Trost und Hoffnung. Inzwischen hatte sie das 41. Lebensjahr vollendet. Da erlebte sie auf einmal ein wunderbares Eingreifen Gottes.

Die Großmutter Hahn konnte ihren Stiefsohn, den Apotheker in Güglingen, bei dem sie ihre Wohnung aufgeschlagen hatte, überreden, daß er nicht nur die beiden ältesten Söhne ihrer Tochter, den Fritz und den Wilhelm, sondern auch deren jüngeren Bruder Philipp in sein Haus aufnahm. In Güglingen bestand eine gute Lateinschule. In die Kosten für Unterricht und Verpflegung wollten sich die Großmutter und Vater Paulus – der seine frühere Sturheit fahren ließ – teilen. Mit innigen Gebeten begleitete die Mutter ihre drei Buben: »Herr, sei ihnen nahe mit deiner Hilfe, weil sie dich so nötig haben, weil sie ohne deine Hilfe so gar nichts vermögen. Gib ihnen, was ihnen nötig ist, gib ihnen deinen Geist. Laß auf ihnen den Geist ruhen, den du auf meinen verstorbenen Brüdern ruhen ließest, daß sie doch in deren Fußstapfen treten. Du, der du Gebet erhörst, auf dich traue ich.«

Die Buben gewöhnten sich gut in Güglingen ein, auch der zehnjährige Philipp, der bisher noch nie von zu Hause weggekommen war. Die Großmutter half daheim nach Kräften nach und gab vor allem Philipp einigen Nachhilfeunterricht in Latein und später auch im Griechischen und Hebräischen. Fröhlich schrieb sie: »Meine Stube ist nun kein einsames, trauriges Witwenstüblein mehr, sondern die Wohn- und Lernstube meiner Enkel, wo ich in meinem Element bin.« Natürlich waren die Kinder keine »Engel« und machten mit ihrem Verhalten der Großmutter und den Pflegeeltern nicht nur Freude. Wenn sie aber nach Talheim in Ferien kamen, merkte man doch, daß sie in ihren Kenntnissen und in ihrem Betragen mancherlei Gutes und Hoffnungsvolles dazu gelernt hatten. So war die Mutter im großen und ganzen in recht heiterer Gemütsverfassung, als am 12. Oktober 1820 ihr zwölftes und letztes Kind geboren wurde. Es bekam in dankbarer Anerkennung, wie Gott in vielen Nöten und Kämpfen bisher treulich durchgeholfen hatte, den Namen Gottlob.

Menschliche Sorgen – göttliches Eingreifen

Sieben Jahre waren inzwischen in Talheim vergangen. Frau Beate hatte durch viele dunkle Nöte, durch Kämpfe und Schwierigkeiten sich durchgeglaubt und durchgebetet. Eigentlich erst am Schluß dieser Zeit war das Licht hell und hoffnungsvoll aufgegangen, als ihre drei ältesten Buben in Güglingen eine gute Schule und Bleibe gefunden hatten und in ihrer Ausbildung endlich kräftig gefördert wurden. Es folgten weitere sieben Jahre, die auch nicht frei von mancherlei Druck und Angst waren. Aber doch häufiger und sichtbarer als in der vorangegangenen Zeit schenkte Gott Hilfe und Durchblick.

Zunächst konnte die Mutter befreiter aufatmen, was die Landwirtschaft betraf. Diese warf nun immer mehr Gewinn ab. Das sah anerkennend auch der Vater. Die Kritik, die er so oft geäußert hatte, verstummte. Vertrauensvoll wie noch nie gab er seiner Frau volle Freiheit in der Gestaltung von Haushalt und Landwirtschaft. Das färbte auf das ganze Verhältnis der Ehegatten zueinander positiv ab und machte es viel liebevoller und freundlicher, als es in den Jahren zuvor manchmal gewesen war. Viel häufiger als früher erscheinen im Tagebuch der Mutter fröhliche und dankbare Eintragungen. Nur eine sei hier kurz erwähnt: »Ich hatte große Freude am Regenbogen, weil er ein Gnadenzeichen ist und es nichts Erquickenderes gibt, als an einen gnädigen Gott und Vater zu denken.«

Den nächsten Kummer, der sie dann wieder traf, verursachte der Sohn Fritz. Dieser hatte die Schule in Güglingen verlassen und war als Lehrling beim Stadtschreiber von Balingen eingetreten. Sein Chef war aber gar nicht mit ihm zufrieden und berichtete der geknickten Mutter, daß Fritz wenig Eifer zu seinem Beruf zeige, sich auch zum Wirtshausgehen habe verleiten lassen. Als der Stadtschreiber dann die Anzahl seiner Schreiber verringerte, verlor auch Fritz seine Stelle. Er fand aber einen Platz als Apothekerlehrling und gab künftig hin weniger Anlaß zur Klage. Doch war der Mutter Gebet noch nicht erhört, daß der Fritz – wie alle ihre Kinder – sich ganz für den Glaubensweg mit dem Herrn entscheiden möchte.

Eine andere wunderbare Gebetserhörung erlebte die Mutter aber. Es schien 1821 eine gute Ernte zu geben. Beate freute sich darauf, brauchte sie doch dringend Geld, um die Lehre des Fritz zu bezahlen, für die andern Kinder zu sorgen und einige geliehene Summen Geldes zurückzuzahlen. Da wälzte sich eines Tages ein schwarzes, drohendes Wolkenmeer gegen das Dorf. Entsetzt rief die Mutter aus: »Ach Gott, da kommt ein schreckliches Hagelwetter. Was wird aus unsern Pfarräckern werden?« Schon entlädt sich ein Wolkenbruch von Hagelkörnern über dem Dorf. Die Äcker liegen zwar am Rande des Tales, aber wie schnell kann das Verderben auch dort hereinbrechen! Die bekümmerte Frau hebt im Gebetsringen die Hände zu Gott empor: »Lieber Vater im Himmel, was machst du! Du weißt ja, wie notwendig ich den Ertrag der Äcker für meine Kinder brauche! O halte ein und laß den Hagel mir meine Hoffnung nicht zerstören!«

Da ist es ihr, als höre sie eine Stimme ihr ins Ohr rufen: »Ist denn mein Arm zu kurz, auch auf andere Weise dir zu helfen?« Frau Beate schämt sich ihrer Verzagtheit und bittet Gott um Vergebung. Inzwischen zieht das Gewitter ab, und bald eilen verschiedene Leute aus dem Dorf ins Pfarrhaus und verkünden: »Das ganze Tal liegt voller Schloßen bis hart an die Pfarräcker hin. Diese aber sind völlig verschont worden. Das Hagelwetter ist nur bis dahin vorgedrungen und hat dann plötzlich eine andere Richtung ins nächste Tal hinein eingeschlagen. Das ganze Dorf wundert sich und sagt, das habe Gott niemand anders als der Frau Pfarrerin zulieb getan.«

Die nächste Sorge ließ nicht auf sich warten. Sie betraf den Philipp, der jetzt die Lateinschule verlassen, das sogenannte Landexamen als Prüfung zur Übernahme ins Gymnasium machen und dann in das Seminar (Gymnasium) in Maulbronn eintreten sollte. Aber es wurde der Mutter mitgeteilt, daß der Philipp das nicht schaffe. Da fand sich ein Lehrer, der von morgens früh um fünf bis neun Uhr abends den Philipp und einen zweiten Schüler sowohl in der Schule wie in Privatstunden in die Kur nahm, so daß das Unheil des Durchfallens abgewandt werden konnte. Philipp bestand das Landexamen und wurde in Maulbronn aufgenommen.

· Eine weitere Not: Die Großmutter Hahn war von Güglingen nach Münchingen gezogen, um ihren Lebensabend in der alten Heimat zu verbringen. Nicht lange nach ihrer Ankunft stürzte sie unglücklich im Zimmer und hatte lange Zeit mit Schmerzen und Behinderung am Fuß zu tun. Dieser Unfall machte auch Frau Beate ganz unglücklich.

Mit dem Ältesten, dem Fritz, hörten die Probleme auch noch nicht auf. Für ihn wie für alle ihre Kinder bat sie Gott: »Das ist mein tägliches und stündliches Anliegen vor dem Herrn, daß er Fritz und alle meine Kinder erleuchten möge, damit sie ihre Jugendjahre nicht in der Blindheit dahinleben. Denn was hülfe es, wenn sie auch alles besäßen und es noch so gut hätten und es fehlte ihnen am Licht und rechten Verstand des Lebens. Da wären sie ja doch nicht glücklich zu preisen, sondern zu bedauern.« Auch was die berufliche Laufbahn ihres Ältesten anging, war Frau Beate mit dem bisherigen Verlauf der Apothekerlehre nicht restlos zufrieden. Fritz hatte ein Zimmer, in dem er im Winter erbärmlich frieren mußte. Es zeigte sich dann für ihn ein Platz in einer Apotheke in Tübingen, und er durfte sogar das Studium der Medizin beginnen, was damals wesentlich leichter war als heute.

Es wäre noch von weiteren Sorgen und Lasten zu berichten, die sich auf dem Weg der Mutter immer wieder auftürmten. Aber Gott, ihr himmlischer Kampfgenosse, stand ihr auch immer wieder helfend bei, und es kam nicht zu solch bangen Stunden voll Fragens, ob sie denn von ihrem Gott und Vater vergessen und verlassen sei, wie sie diese früher hatte durchleiden müssen. Ja, eine besondere Freundlichkeit des Herrn wurde ihr zuteil. Sie fing an, daran zu denken, daß die Ausbildung ihrer jüngeren, allmählich auch heranwachsenden Söhne Christoph und Immanuel näherrückte. Auch darin sollte nichts versäumt werden. Darum war es ihr eine große Erleichterung, als zwei Brüder ihres Mannes, die in der Landeshauptstadt Stuttgart wohnten, sich anboten, den Christoph unentgeltlich bei sich aufzunehmen und ihn die Realschule besuchen zu lassen. Damit war auch für den vierten der Buben gesorgt, und den Immanuel, den letzten und jüngsten, würde Gott gewiß auch nicht zu kurz kommen lassen. Das war der Mutter im Gebet gewonnene Hoffnung und Zuversicht.

Im Frühjahr 1824 wurde Frau Beate eines Tages von einer seltsamen Unruhe erfaßt. Der Gedanke hatte sie plötzlich überfallen und ließ sie nicht mehr los, die Großmutter in Münchingen wäre ernstlich krank. Ihr Mann versuchte ihr das als Einbildung auszureden. Sie aber ließ sich nicht beruhigen, sondern nahm den Weg von 30 Stunden unter die Füße, um nach ihrer Mutter zu sehen. Als sie mit Anbruch der Nacht das Dorf Münchingen erreichte, begegnete ihr ein Junge. Sie fragte ihn: »Was macht die Frau Pfarrerin Hahn?« Die Antwort lautete: »Die hat man heute nachmittag begraben!« Wie ein Donnerschlag traf sie diese Nachricht. Was hatte die verstehende, helfende, ratende, fürbittende Liebe der Großmutter zu ihr und den Kindern für alle bedeutet! Auch hatte die alte Frau Pfarrer Hahn trotz ihrer nur sehr beschränkten Mittel oft finanziell der großen Familie ihrer Tochter geholfen. Und das Wertvollste war weggefallen: ihr treues unermüdliches Gebet. Der Verlust schmerzte tief.

Bald wurde die Frage drängend, wann und wo der kleine Immanuel eine Lateinschule besuchen und damit seine Ausbildung beginnen könne. Es zeigte sich schnell eine gute Lösung: Fritz, der als Medizinstudent gute Fortschritte machte, nahm den kleinen Bruder mit nach Tübingen, ließ ihn mit in seinem Zimmer wohnen und teilte mit ihm das Essen. Eine viel größere Freude aber erlebte die Mutter mit ihrer Tochter Beate. Diese war vorübergehend zu einem Onkel gezogen, um dessen leidende Tochter zu pflegen. Dabei war sie mit einem Kreis gläubiger Frauen zusammengetroffen und hatte eine klare Hinwendung ihres Lebens zum Heiland vollzogen. Als sie das die Mutter wissen ließ, schrieb diese überglücklich:

»Daß der liebe Heiland Dein Herz nun ganz zu sich gezogen und sich ganz mit Dir verbunden hat, dafür kann ich ihm nicht genug danken und kann ihn nicht genug darüber preisen. Wer hätte das gedacht, daß in Sulz so ein großes Heil für Dich blühen würde?! Gott sei ewig gedankt für diese große Barmherzigkeit!« Im Blick auf die noch unbekehrten Brüder fuhr die Mutter fort: »Möchten doch Deine Brüder auch an solche Orte kommen, möchte Gott auch bei ihnen anfangen! Wie würden auf einmal alle meine Seufzer gestillt und alle Quellen meines Jammers verstopft sein! Wie würde mein Mund des Ruhmes Gottes voll werden!« Noch aber hatte das Mutterherz weiterhin zu flehen und zu hoffen.

Noch ein eigenartiges, zum Dank stimmendes Erleben: Es war bisher so gewesen, daß alle Einkünfte aus den Pfarrgütern von der Pfarrersfamilie ohne jede Gegenleistung und Abgabe genutzt werden durften. Das wurde durch behördliche Anordnung jetzt jedoch geändert. Es sollte fortan jährlich ein ansehnlicher Betrag an die Staatskasse abgeführt werden. Es graute der Mutter davor, wie das bei der Fülle der benötigten Ausgaben auch noch bewerkstelligt werden solle. Da brach auch noch ein Unwetter los und schien die ganze Ernte vernichtet zu haben. Woher jetzt das Geld für die Abgabe nehmen? Die Mutter kam auf eine kühne Idee. Sie verfaßte eine Bittschrift direkt an den König, in der sie ihre notvolle Lage schilderte und um Erlaß der Abgabe bat. Der Bittbrief gelangte tatsächlich an den Monarchen, und zwar als er in einer besonders weichen Gemütsverfassung war und am Krankenbett seines ältesten Sohnes, des Kronprinzen, stand.

Er schaut hinein und schreibt an den Rand des Schreibens: »Ich übernehme die ganze Schuld auf meine Privatkasse.« Ein Eilbote wird unverzüglich in Marsch gesetzt, der die günstige Entscheidung der Frau Pfarrerin Paulus in Talheim übermitteln soll. Dieser kommt noch vor Anbruch des Morgens im Dorf an. Er nimmt sein Horn hervor und bläst das ganze Dorf so hellwach und munter, daß alles zum Fenster hinaussieht und wissen will, was dieser fröhliche Lärm zu bedeuten habe. Der Bote hält vor dem Pfarrhaus und überreicht seinen Brief. Unter Freudentränen wendet sich Frau Beate an den Herrn des Himmels: »Fürwahr, du bist ein wunderbarer Gott! O lohne dem König die Wohltat an mir und segne ihn an Leib und Seele, in Zeit und Ewigkeit dafür, du König aller Könige!« Beschämt steht auch der Vater da, der sich lange dagegen gewehrt hatte, den Immanuel nach Tübingen mitzugeben. Er hatte gemeint, das Geld sei knapp im Hause und Gott werde um der Familie Paulus willen keins vom Himmel regnen lassen. Die Mutter konnte nun sagen: »Gott hat sogar Geld hageln lassen! Denn auf meinen Hinweis hin, daß die Ernte verhagelt sei, hat der König seine Barmherzigkeit mir zugewandt.«

Übrigens kam der Hagelschlag so früh, daß die Früchte in Feld und Garten sich wieder erholen konnten und die Ernte am Ende recht gut ausfiel.

Letzter Ärger und seliger Heimgang des Vaters

Fünf Söhne waren jetzt insgesamt in der Ausbildung, und es war erfreulich zu sehen, wie sie schon einander zu helfen versuchten. Wilhelm, Apothekergehilfe erst in Reutlingen, dann in Schaffhausen in der Schweiz, war der erste, der etwas verdiente. Er trug zu den Studienkosten seines Bruders Fritz, des Medizinstudenten in Tübingen, von seinem Gehalt bei. Philipp wollte Theologie studieren, was den Beifall des Vaters fand. Christoph erwies sich in Stuttgart als ein glänzender Mathematiker, und Immanuel, der Jüngste, steuerte auch schon auf das Landexamen zu. Die Sorge betr. Ausbildung der Kinder, welche die Mutter viele Jahre in Atem gehalten hatte, schien zu ihrem Ende zu kommen.

Einmal allerdings noch trafen drei Briefe zu gleicher Zeit im Talheimer Pfarrhaus ein, in denen von ganz erklecklichen Geldforderungen wegen der Kinder – Kolleggelder, Kostgeld, Rechnungen u. a. – die Rede war. Der Vater liest die Briefe als erster und reicht sie dann an seine Frau weiter mit den wenig schönen Worten: »So, Mutter, da lies und zahle jetzt mit deinem Glauben! Ich habe kein Geld und weiß auch nicht, woher welches zu bekommen ist. So geht's, wenn man aufs Blaue hinein auf Gott hin haust. Ich habe dir immer gesagt, man müsse sich nach seinen Verhältnissen richten. Du aber hast einen nach dem andern hinausgetan und dich damit getröstet: ›Gott verläßt die nicht, die sich auf ihn verlassen.‹ Jetzt stehen wir da, und du bringst nun zuletzt auch mich mit deinem Eigensinn in Spott und Schande!«

Die Mutter entgegnet auf diese ärgerlichen und lieblosen Worte des Vaters: »Ja, sei außer Sorge! Die Sache wird in Ordnung kommen. Dem, der gesagt hat: ›Mein ist beides, Silber und Gold‹ ist's ein Leichtes, dieses Geld herzuschaffen.« Dann geht sie auf den obersten Speicher, der von dem unteren durch eine Falltür abgetrennt ist. Diese holt sie herauf und streckt sich auf derselben aus. Dann beginnt sie betend ein ernstliches Zwiegespräch mit ihrem himmlischen Vater. Sie hält ihm vor, daß er sie damals um ihrer Kinder willen in Ostelsheim vom Rand des Todes gerettet habe. Nun sei das Werk von deren Ausbildung bald abgeschlossen, und da solle er sie jetzt nicht noch zu guter Letzt im Stich lassen. Sie kommt nicht zum Nachtessen herunter, sie geht nicht zu Bett. Die Tochter Beate will sie am nächsten Morgen zum Frühstück holen, sie erscheint aber nicht. Der Vater und die Kinder fangen an, unruhig zu werden. Aber sie wagen nicht, sie zu stören. Endlich öffnet sich die Tür, und mit einem Antlitz voll

Ruhe und Frieden, wie verklärt, steht die Mutter da und sagt: »Ich weiß, das Geld wird bald kommen.«

Und es kam! Es kam vom Lindenwirt, der seine Magd schickte, die Frau Pfarrerin ins Gasthaus »Zur Linde« hinauszubitten. Dort eröffnet er ihr: »Ich habe die ganze Nacht Ihretwegen nicht schlafen können. Ich habe schon länger in einem Kasten mehrere hundert Gulden liegen, und eine innere Unruhe treibt mich, diese Ihnen anzubieten. Sie können sie zurückzahlen, wenn und wann Sie können. Geht's nicht, ist es auch recht.« Das Staunen bei der Mutter ist groß, wie Gott ihr Flehen erhört hat. Sie kehrt nach Hause zurück, und dort legt sie vor den Augen ihres Mannes auf jeden der drei Geld fordernden Briefe eine Rolle mit Gulden, mit denen die Schuld beglichen werden kann.

Beate Paulus brauchte gelegentlich den Ausdruck, daß alle ihre Anliegen, die sie ihrem himmlischen Vater vortrage, von diesem in sein »Archiv« gelegt würden. Dort würden sie von ihm zu seiner Zeit und nach seiner Weise – die immer die rechten seien – wieder herausgenommen und erfüllt werden. Sie erlebte aber auch – wie in diesem Falle –, daß ihre Bitte gar nicht erst ins »Archiv« wanderte, sondern »postwendend« beantwortet wurde.

Mit Freuden nahm die Mutter am Vater eine Veränderung wahr. Bisher hatte er von der christlichen Wahrheit mehr die sittlichen Forderungen betont, jetzt aber begann das, was der Mutter schon immer Herzenssache gewesen war, auch ihm immer wichtiger und tröstlicher zu werden: das Wort von dem Versöhner Jesus Christus, der vor dem heiligen Gott unsere Schuld getragen hat. Als Pfarrer Paulus in sein 65. Lebensjahr hineinging, spürte er, wie seine körperlichen Kräfte nachließen. Seine Gedanken fingen an, sich mit dem Sterben zu beschäftigen. Das war im Herbst 1828. Eines Tages rief er die Tochter Beate zu sich und trug ihr einen eigenartigen Wunsch vor:

»Beate, ich fühle, daß ich meinem Ende schnell entgegengehe, und ich glaube, daß, wenn meine Stunde kommt, es rasch gehen wird. Wenn nun mein Ende mich im Bett oder im Zimmer oder draußen im Gang oder sonstwo überfallen wird, und du siehst, daß ich in den letzten Zügen liege und mit dem Tode ringe, so versäume es nicht, mir noch den Namen Jesus ins Ohr und Herz hineinzurufen. Denn mit diesem Namen und mit nichts sonst als ihm möchte ich aus dieser Welt scheiden und mit ihm in die Ewigkeit hinübergehen.« Bis ins Innerste erschüttert ob dieser Ankündigung und unter unaussprechlichem Schluchzen und Weinen versprach die Tochter dem Vater den von ihm erbetenen

Dienst. Es dauerte nur wenige Wochen, und sie mußte ihre Zusage erfüllen.

Als die Mutter mit ihren sechs Söhnen und drei Töchtern dem Sarg des Vaters zum Friedhof folgte, war sie in ihrem tiefen Leid durch dreierlei getröstet: Die letzten Tage mit dem Vater waren voll ungetrübter Liebe und Herzlichkeit gewesen. – Sie dachte daran, wie ihrem lieben Mann noch zuletzt das Licht der Barmherzigkeit Gottes in Christus völlig aufgegangen war und er ganz allein auf die Gnade trauen gelernt hatte. – Was ihre Zukunft und die ihrer Kinder anging, so wußte sie diese geborgen in der Hand des treuen Gottes, dessen Führung durch viel Not und Dunkel hindurch für sie schon immer anbetungswürdig gewesen war.

Die Saat geht auf

Ihren Witwensitz nahm die Mutter zunächst in Münchingen, der Gemeinde ihres Großvaters Flattich. Es war ihr dort eine kleine Wohnung mit nur zwei Zimmern für sich, den kleinen Gottlob und die drei Töchter angeboten worden. Es war rührend, wie das ganze Dorf der Enkeltochter und den Urenkeln des alten, von allen immer noch verehrten Pfarrers Flattich seine Liebe und Anhänglichkeit zeigte. Daß sie an dieser Stätte, an der sie von ihrer Kindheit an gehangen hatte, gut aufgenommen und versorgt war, war der Mutter jeden Tag ein Grund zu Dank und Freude. Viel froher und dankbarer aber machte es sie, als sie sehen durfte, wie Gottes Geist an ihren Söhnen arbeitete und in deren Herzen der seit langem gesäte gute Samen aufging.

Wir können die fünf Söhne nicht mehr auf alle Stätten begleiten, an die sie ihre Ausbildung und ihre Berufsausübung in der nächsten Zeit führte. Wir wollen uns auf Tübingen beschränken, wo Fritz – wie wir schon wissen – Medizin studierte und Philipp das von ihm ersehnte Theologiestudium tatsächlich begonnen hatte. Lassen wir den letzteren erzählen, welche einschneidenden inneren Veränderungen in seinem Leben und bei seinen Brüdern eintraten:

»Als ich, Philipp, 15 Jahre alt war, befand ich mich noch in der Schule im Kloster Maulbronn und gehörte zu den muntersten und lustigsten der dortigen Seminaristen. Da kam unter anderm auch einmal die Sprache auf den Pietismus, und einer redete für, der andere gegen ihn. Endlich mischte ich mich auch ins Gespräch und sagte: ›Ich kenne den Pietismus und die Pietisten wenig, allein ich hörte sagen, daß meine Mutter eine Pietistin sei. Und wenn das wahr ist und alle Pietisten sind wie meine Mutter, so ist der Pietismus nichts anderes als wahre und lebendige Frömmigkeit und der Weg, den jeder gehen muß, der selig werden und in den Himmel kommen will. Das weiß ich gewiß und kann nach dem, was ich gesehen und erlebt habe, keinen Augenblick zweifelhaft sein.‹ – ›Ja‹, sagte darauf ein anderer, ›wenn das deine Überzeugung ist, warum bist du so, wie du bist, und wirst nicht alsobald ein Pietist?‹ – ›Du hast ganz recht‹, antwortete ich, ›allein was nicht ist, kann noch werden und wird zuletzt auch noch so werden.‹

So lagen tiefe Eindrücke von der Mutter her in mir und in allen meinen Geschwistern, die wir im Herzen mit in die Welt hinausnahmen und die je und je sich geltend machten, auch ehe noch der in unseren Herzen liegende Same zum Aufgehen kam. Diese Eindrücke wurden aber durch die vielen wunderbaren Gebetserhörungen, welche die Mutter im Verlauf ihres Kampfes um uns in Talheim Schlag auf Schlag machen durfte, immer mächtiger und gewaltiger. Und als nun vollends der Tod des Vaters und die besonderen Umstände, unter denen er erfolgte, hinzukamen, so stand's in unsern Herzen so, daß ein kleiner Anstoß genügte, um das in der Stille fortwachsende Samenkorn vollends zum Aufgehen zu bringen. Dieser Anlaß blieb dann auch, als die Zeit gekommen war, nicht aus.

Als ich Theologiestudent in Tübingen geworden war und im sogenannten Stift wohnte, fiel es meinem Freunde Bardilli, der eine pietistische Stunde besuchte, an einem Sonntagmorgen ein, zu mir zu sagen: ›Philipp, komm, wir wollen zum Hausmeister, deinem Vetter Römer, gehen.‹ Derselbe war schon lange im Stift als Hausmeister angestellt, bewohnte ein äußerst kleines Stübchen im unteren Stock und ging auch in die Stunde. Ich war sogleich bereit, und so gingen wir die Treppe hinunter. Als wir zu ihm kamen, hatte er eine große Freude und hieß uns sitzen. Da er aber nur einen Stuhl im Zimmer hatte, so setzte er sich auf sein Bett, hieß meinen Freund Bardilli auf den Stuhl sitzen und ermunterte mich, auf dem Tisch Platz zu nehmen.

Man sprach nun zuerst dies und das. Endlich aber sagte der Hausmeister: ›Ei, höret, es ist heute Sonntag, wir könnten auch eine Predigt lesen. Ich habe hier Hofackers Predigtbuch. Bardilli, nimm du das Buch und lies du uns eine Predigt vor, da du so gut vorlesen kannst.‹ Bardilli ließ es sich nicht zweimal sagen, ergriff das Buch, schlug die Karfreitagspredigt über die drei Gekreuzigten auf Golgatha auf und las. Wir hörten, der Hausmeister auf seinem Bett und ich auf seinem Tisch, aufmerksam zu. Die Predigt machte einen gewaltigen Eindruck auf mein Herz. Ich hörte mit steigendem Interesse zu und sagte, als er fertig war, zu meinem Freunde: ›Bardilli, ich gehe heute mit dir in die Stunde.‹ Er wollte und konnte es anfangs nicht glauben, daß es mir Ernst sei. Als ich es aber in allem Ernst wiederholte und sagte: ›Bardilli, ich habe dir gesagt, ich gehe mit dir in die Stunde, und dabei bleibt's!‹ so war er hoch erfreut, und der Hausmeister war es nicht weniger.

Gesagt, getan. Wir gingen miteinander, und alles, was ich sah und hörte, tat meinem Herzen so wohl, daß ich sofort zu meinem Bruder Fritz ging und zu ihm sagte: ›Alter (so nannten wir ihn, weil er der älteste war), ich komme aus der Stunde. Das ist's, was uns geziemt. Willst du nicht auch mitgehen, wenn wieder Stunde ist?‹ Er antwortete, ohne etwas einzuwenden, in seiner gewohnten Ruhe: ›Nun ja, ich kann und will mitgehen.‹ Und wirklich, er ging mit und fühlte sich auch, wie ich, so angesprochen und befriedigt, daß auch er, wie ich, allen Umgang sonst sofort aufgab und eines höheren Lebens sich zu befleißigen anfing.

Doch war die Sache damit nicht zu Ende. Wie wenn man einen Stein ins Wasser wirft und derselbe dann immer weitere Kreise im Wasser bildet, so ging's auch hier. Unser Beispiel wirkte auf alle übrigen Geschwister, Brüder und Schwestern, ohne Ausnahme, so zündend ein, daß das Feuer, das in uns zum Brennen kam, auch in ihren Herzen angefacht wurde und zu brennen begann.

Was für eine Freude aber das erst für unsere Mutter war und sein mußte, läßt sich leicht denken. Schon seit 28 Jahren, d. h. seit Gott anfing, sie mit seiner höchsten irdischen Gabe, mit Kindern zu segnen, war das ihr unablässiges Gebet vor seinem Thron, ihre Kinder mit seinem Geist zu erfüllen und sie zu sich zu ziehen. Lange und oft und viel hatte es nicht den Anschein, daß dieses ihr Gebet auch werde in Erfüllung gehen. Jetzt kam's auf einmal, ohne daß sie daran dachte.« Bald zeigte es sich, daß sich die Kinder nicht nur bekehrt hatten, um dann in frommer Selbstgenügsamkeit dahinzuleben. Nein, sie wurden mit demselben Eifer für das Reich Gottes und für die Gemeinschaft der Kinder Gottes erfaßt, der in der Mutter lebte. Das zeigte sich sowohl, wenn sie in der eigenen Familie zusammenkamen wie auch in dem Anschluß, den sie an die christlichen Kreise in Münchingen, Korntal, Stuttgart usw. suchten.

Lieblich war es jetzt immer, wenn sich die Kinder in ihren Ferien bei der Mutter in Münchingen trafen. Dann war eine drangvolle Enge in der kleinen Witwenwohnung, aber das störte niemanden in der Freude, daß man sowohl in der natürlichen wie in der geistlichen Familie zusammengeschlossen war. Beim ersten dieser Besuche war es so, daß die Mutter nach all den Unkosten, die der Umzug von Talheim nach Münchingen und das Einrichten der neuen Wohnung verursacht hatte, kein Geld mehr hatte, um ihre »Buben« mit genügend Essen zu versorgen. Es war ihr aber ein schrecklicher Gedanke, daß ihre Kinder zu ihr in die Ferien kamen und mit hungrigem Magen ins Bett gehen sollten. Daraufhin hat sie eine ganze Nacht im Gebet zugebracht. Als die Kinder am Morgen in ihr Stüblein traten, lag sie noch hingestreckt – wie sie oft zu beten pflegte – neben dem Ofen, so wie sie am Abend begonnen hatte. Sie stand auch nicht auf, als die Kinder miteinander eine Morgenandacht hielten, die Bibel lasen, beteten und sangen.

Kaum hatten diese Schluß gemacht, wurde die Tochter Beate von einer Dame in vornehmer Kleidung nach draußen gerufen. Es wurde ihr von der Besucherin, einer Professorenwitwe aus dem benachbarten Korntal, folgendes eröffnet: »Ich wachte heute morgen um sechs Uhr auf und hörte eine mahnende Stimme in mir: ›Nimm etwas Geld und bringe es der Frau Pfarrerin Paulus in Münchingen!‹ Ich hatte nicht gehört, daß diese in irgendeiner Not sei, aber ich mußte der inneren Stimme folgen. Nehmen Sie bitte an, was ich mitgebracht habe!« Nun wurde die gemeinsame Ferienzeit, die geistlich so schön und harmonisch begonnen hatte, auch eine Zeit ohne Sorge, was die Stillung des leiblichen Hungers betraf, der ja bekanntlich bei jungen Menschen nicht gering zu sein pflegt. Übrigens fand sich auch Wilhelm, der inzwischen Apotheker in Stuttgart geworden war, an allen seinen freien Tagen in Münchingen ein, um im Schoße der Familie mit fröhlich zu sein.

Bei solchen Besuchen in Münchingen wurden die »Buben« noch mehr als einmal Ohr- und Augenzeugen, wie Gott der Mutter in äußeren und inneren Dingen auf ihr glaubensvolles Gebet hin half. Was beten ist, drückte diese einmal originell so aus: »Ein Gesuch bei dem einreichen, der sein Geschäftskabinett über den Wolken aufgeschlagen hat.« Wenn Mutter Beates Kinder manchmal miterlebten, wie ein solches Gesuch positiv beschieden worden war, dann sagten sie wohl: »Wir haben eine Lektion bekommen, die mehr Wert hat als hundert Vorlesungen auf der Universität.«

Sieg, Ruhe und Aufgaben bis zuletzt

Die Kämpfe der Mutter fast ein Menschenalter hindurch mit all den Nöten und Engpässen gingen jetzt endgültig zu Ende. Der Sieg war errungen, und im Frieden Gottes und in Friede und Freude mit ihren Kindern verbrachte die Mutter den Rest ihrer irdischen Jahre. Gottlob, der jüngste Sohn, wurde unentgeltlich in die »Knabenerziehungsanstalt« im nahen Korntal aufgenommen, und sie konnte der weiteren Ausbildung des letzten ihrer Kinder mit Ruhe entgegensehen. Fritz eröffnete – ebenfalls in Korntal – eine Praxis als praktischer Arzt, die ihm viel Zulauf brachte. Er konnte schon bald ein eigenes großes Haus bauen und beziehen, in dem er seinem Bruder Wilhelm Räume zur Eröffnung einer eigenen Apotheke zur Verfügung stellte. Auch die Mutter mit ihren drei Töchtern fand dort Aufnahme. Weiten Raum machte ihr nun der Herr. Eine besondere Freude wurde ihr damit bereitet, daß ein Stück Feld angekauft wurde, dessen Bewirtschaftung sie übernahm. Sie baute mancherlei Gemüse an und konnte endlich einmal die von ihr so geliebte Landwirtschaft betreiben, ohne ständig – wie in Talheim – Probleme und Widerstände in Kauf nehmen zu müssen.

Auch auf dem geistlichen Acker war die Mutter eifrig tätig. Sie sammelte einen Kreis von Frauen, denen sie ungedruckte Predigten ihres Vaters vorlas. Langeweile kam bei den Zeugnissen eines so lebendigen und außergewöhnlichen Geistes, wie es der Pfarrer Philipp Matthäus Hahn gewesen war, nicht auf. Ja, wenn die Mutter meinte, hie und da ihre eigenen Erläuterungen hinzufügen zu müssen, wurden die Frauen fast ungeduldig und sagten: »Die Predigten des Pfarrers Hahn sind rechtschaffene Predigten, lesen Sie nur weiter!« Auch zum Gebet vereinigten sich diese Frauen.

Von den Söhnen wäre noch zu berichten, daß 1835 nach Fritz und Wilhelm auch Philipp, der Theologe, nach Korntal zog und die Leitung der Knabenerziehungsanstalt übernahm. Die drei jüngeren Brüder, Christoph, Immanuel und Gottlob, deren Ausbildung noch andauerte, waren zu der Zeit auch an einem Ort beieinander, nämlich in Tübingen. Aber schon ein Jahr später, 1836, beendete Immanuel sein theologisches Studium und wurde Lehrer an der Korntaler Knabenanstalt, die sein Bruder Philipp leitete. Es ergaben sich jedoch bald Schwierigkeiten in Korntal. Die Schülerzahl dehnte sich so aus, daß ein neues Anstaltsgebäude unerläßlich war. Doch war dafür die Genehmigung der Behörden nicht zu erlangen. Da erfolgte ein Angebot des Stadtrates von Ludwigsburg, die Gebrüder Paulus möchten mit ihrer ganzen Schule nach dort übersiedeln. Sie bekamen einen guten Bauplatz, und schon bald stand ein ansehnliches Gebäude fertig da. Die ganze Familie, voran die Mutter, zog mit.

Es gehörte eine umfangreiche Landwirtschaft zur Schule, die von den meisten Schülern als »Internatszöglinge« besucht wurde. Die Äcker, Wiesen und Ställe wurden – wie konnte es anders sein? – der Mutter anvertraut. Die noch erstaunlich rüstige Frau war ganz in ihrem Element. Sie sah auch eine geistlich-missionarische Aufgabe an ihren Knechten und Mägden und sonstigen Arbeitern. Ohne in einen falschen Bekehrungseifer zu geraten, nutzte sie immer wieder anfallende Gelegenheiten zu einem Gespräch über das Eine, das not ist.

Christoph, der eine Ausbildung im Bergbau absolviert hatte, trat bald als der vierte der Brüder in die Schularbeit in Ludwigsburg ein. Der Korrespondent einer christlichen Zeitschrift in Berlin, der über das evangelische Leben in Württemberg zu berichten hatte, versäumte nicht, auch die Schule auf dem »Salon« in Ludwigsburg – so wurde der Standort genannt – zu beschreiben. Was es ihm vor allem angetan hatte, faßte er in die folgenden Sätze: »Es war eine in ihrer Art einzige Erscheinung, hier eine Familie von vier Brüdern (davon zwei Theologen, ein Arzt, ein Bergmann) und drei Schwestern um eine ehrwürdige, vielgeprüfte und glaubensstarke Mutter versammelt und in lieblicher Eintracht und heiterer Gemütlichkeit für die Anstalt zusammenwirken zu sehen. Auch als die Brüder nach und nach sich verheirateten und zwei der Schwestern mit Lehrern der Anstalt sich verbanden und die eine Familie somit zu einem ganzen Komplex von Familien sich erweiterte, erlitt das Ganze so wenig einen Eintrag, daß es vielmehr nur vielseitiger und belebter wurde. Jeder, der in diesen Kreis eintrat, fühlte sich durch die überall einem entgegenkommende Freundlichkeit und ungetrübte Heiterkeit wohltuend angesprochen.«

Wie liebten auch die »Zöglinge« – wie man damals sagte – die Mutter! Sie blieb mit ihnen jung, besuchte sie oft auf ihren Zimmern, spielte mit ihnen und erzählte ihnen in ihrer immer noch unnachahmlichen und spannenden Art Geschichten. Sie saß dabei in der Mitte und die kleineren Schüler um sie herum. Die andern stellten sich ringsumher auf Stühle und Tische. Wenn man ins Zimmer trat, sah man zuerst nichts als einen turmartig aufsteigenden Knäuel von Buben. Erst bei näherem Zusehen entdeckte man in der »Tiefe« die Mutter. Dieser machte es auch Spaß, mit einer Schar Jungen – ohne Lehrer – längere Fußreisen zu machen. Wer da mitdurfte, schätzte sich glücklich. Frau Beates ungewöhnlich lebendiger Geist wußte immer Anregendes zu reden.

Die Fürsorge von Beate Paulus ging weit über den Kreis der ihr anvertrauten alten und jungen Menschen hinaus. Wo immer sie konnte – auch auf dem Wege des gedruckten Wortes – ermahnte sie Eltern und Kinder, vor allem nach dem Reiche Gottes zu trachten. Den Eltern riet sie: »Macht eure Kinder mit dem wahren Edelstein bekannt, nämlich in der Jugend Gott zu kennen und zu lieben. Führt sie in die Bibel Alten und Neuen Testaments und in den großen Plan Gottes mit den Menschen ein. Das ist das rechte Rettungsmittel.«

Sie warnte vor einem Leben, das sie »Mückenleben« nannte: »Die Sorge, welche bloß auf die leibliche Pflege und den äußeren Unterhalt der Kinder geht, hört ja an ihrem Ende mit dem Tode nicht nur auf; sondern wenn man sie nur lehrt für sich und das Irdische sorgen, so führen sie eben ein Mückenleben, ein heilloses, elendes Leben, so daß man nicht wert ist, daß einen die Sonne bescheint, weil man nicht nach dem Willen Gottes und seinem Sinn existiert und Gott zum Verdruß lebt.«

Eltern, welche bei der Erziehung ihrer Kinder nicht daran denken, daß man zuerst für ihren inneren Menschen sorgen müsse, damit der Geist Gottes in ihren Herzen wohnen könne, geben ihnen gewissermaßen ein Schwert in die Hand, mit dem diese sich geistlich töten. Sie werden also zu Mördern ihrer Kinder. Wer Kindern hilft, den Blick für das Göttliche, für das Ewige zu gewinnen, hilft ihnen auch, für diese Erde tüchtig und nützlich zu werden. Das war die feste Überzeugung von Beate Paulus und ihre eigene Erfahrung mit ihren Kindern.

Im Verlauf unserer Darstellung war öfter die Rede von der Kraft und der Treue im Gebetsleben der Mutter. Das blieb so bis an ihr Ende. Hatte sie ihr umfangreiches Tagwerk beendet, begann ihr Nachtwerk. Da fing sie an, mit dem Herrn im Himmel zu verkehren und seinen Segen auf sich, ihre Kinder, ihre Bekannten, ihre Gemeinde, den König, die Obrigkeit, die Kirche, die Schule usw. zu erflehen, und das mit solcher Beharrlichkeit und Regelmäßigkeit, daß sie meistens zwei- oder dreimal in der Woche die ganze Nacht im Gebet zubrachte. Ihre Kinder machten ihr deswegen manchmal liebevoll – besorgt Vorhaltungen: sie solle doch mehr um ihre Gesundheit und den Schlaf besorgt sein. Dann gab sie wohl zur Antwort: »Zum Ruhen habe ich eine ganze Ewigkeit. Jetzt aber habe ich noch zuviel zu tun, vor allem mit dem Beten, daß ich kaum mit allem zurechtkomme.« Wenn sie eine solche Gebetsnacht durchwachte, dann kochte sie sich um Mitternacht einen Kaffee, der ihr beim Wachbleiben helfen sollte.

Über dem allen zog das Jahr 1842 herauf. Die Mutter war nun 64 Jahre alt. In diesem Winter gab es besonders viel Schnee. Da entstand unter den Schülern auf dem »Salon« der Gedanke, eine großartige Schneefestung zu bauen, die von einer Gruppe verteidigt und von einer andern erstürmt werden sollte. Wenn es der letzteren gelingen würde, ihre Fahne auf dem Turm der Festung aufzupflanzen, dann hatte sie den Sieg errungen. Die innerlich jung gebliebene Mutter kam mit nach draußen, schlug sich auf die Seite der Stürmenden und versorgte sie eifrig mit Schneebällen. Dabei hatte sie die folgende Ermahnung zur Hand: »Seht, jedes Menschenherz ist eine Festung, welche Feinde, allerlei niedere Triebe und Leidenschaften, in Besitz genommen haben, und da gilt's auch zu kämpfen und nicht zu ruhen, bis die Fahne eines besseren Sinnes auf dem Turm in der Mitte flattert.« Der Kampf währte lange, aber die Mutter ermunterte unverdrossen die Angreifenden und trug ihnen unermüdlich »Munition« herzu. Schließlich errangen diese den Sieg, und in ihr Triumphgeschrei stimmte auch die Mutter ein.

Bald aber zeigte sich, daß Beate Paulus zu lange in der Kälte und im Schnee gestanden hatte. Sie mußte sich mit einer heftigen Erkältung zu Bett legen und bekam gefährliches Fieber. Doch meinte sie zunächst, Gott würde ihr das irdische Leben noch lassen, da sie noch nicht mit allen ihren Aufgaben, besonders ihren Gebetspflichten, fertig sei. Dann aber sagte sie auf einmal: »Schon Herrlichkeit! Es ist anders gemeint, Kinder. Ich gehe heim. Kommt, wir wollen noch einmal das Mahl der Liebe feiern.« Das geschah, und anschließend gab sie jedem ihrer Kinder noch einen zärtlichen Mutterkuß. Ihre letzten Worte lauteten: »Wenn ich euch nur alle in der Ewigkeit wiedersehe!« Dann hatte sie nach all ihren irdischen Kämpfen und Siegen, nach aller Unruhe und allem Zur-Ruhe-Gekommen-Sein in dieser Zeit in ihrem Gott die ewige, himmlische Ruhe gewonnen.

Der Tag ihres Heimgangs war der 22. Januar 1842.

Friederike Hofacker

1770–1827

Wie aus »Hochwürden« »Nichtswürden« wurde

Ludwig Hofacker (1798–1828), der frühvollendete württembergische Erweckungsprediger, hatte wie wenige die besondere Gabe der evangelistischen, für den Heiland werbenden Verkündigung. Er hat in den wenigen Jahren seiner Wirksamkeit (zuletzt als Pfarrer in Rielingshausen bei Marbach), die noch durch immer wiederkehrende Krankheitszeiten unterbrochen war, gewaltige Predigten gehalten, die vielen Menschen tief ins Herz und Gewissen drangen. Hunderte und Tausende aus allen Ständen und Lebensaltern sind durch ihn zu Christus eingeladen und geführt worden.

Albert Knapp (1798–1864), Hofackers Freund von Jugendtagen an, hat über ihn eine ausführliche Biographie geschrieben. Mir liegt die dritte Auflage aus dem Jahre 1860 vor. Einer meiner Freunde, der schon heimgegangen ist, nannte dieses Buch eins seiner liebsten und wertvollsten nach und neben der Bibel. Darin werden auch die Eltern dargestellt. Vater Hofacker, Pfarrer und später Dekan in Stuttgart, vertrat allezeit ein orthodoxes System des biblischen Glaubens, für das er sich streitbar gegen den öden Vernunftglauben seiner Zeit einsetzte. Er mochte aber auch die Pietisten nicht leiden, die ihm zu gefühlvoll vorkamen und deren besondere Versammlungen und innige Gemeinschaft untereinander er als unnötig und übertrieben empfand. In seinem letzten Lebensjahr veränderten sich sein Wesen und seine Glaubenweise aber noch auffällig.

Die bis dahin robuste Gesundheit von Dekan Hofacker zerbrach völlig unter einem Schlaganfall, der immer neue Krankheiten und Gebrechen nach sich zog. Der hinfällig und hilflos gewordene Mann wurde unter solchen Leiden zum schlichten, demütigen Kind Gottes, das sich seines Heilandes freuen und getrösten lernte. Er bekannte: »Theologische Systeme habe ich geliebt mein Leben lang. Den aber, der sein Blut für mich vergossen hat, habe ich nicht wahrhaftig geliebt. – Ich habe wohl den Heiland verehrt und als Gottes Sohn hoch gehalten, ihn aber meist in der Höhe und Ferne gesucht. Jetzt aber erkenne ich, wie nahe man ihn am Herzen und am Munde haben kann. Dazu aber gehört ein gebrochenes Herz und ein ganz kindlicher Wille. Dann erlebt man im Umgang mit dem Heiland selige Zeiten und hat unendlich mehr, als alle irdische Phantasie und Wissenschaft uns zu bieten vermag.«

Der junge Albert Knapp, der als Vikar in Gaisburg bei Stuttgart den Dekan Hofacker als Vorgesetzten hatte, erhielt von ihm einmal die folgende väterliche, liebevolle Belehrung: »Merken Sie sich dieses, junger Mann, merken Sie sich's wohl für Ihr künftiges Leben! Sie sehen an mir, Ihrem alten Dekan, was endlich allein jeder Probe standhält. Wäre ich in meinem Leben kindlicher und einfältiger gewesen, so hätte ich mehr am Heiland gehabt. Sie sind noch jung; geben Sie sich ihm ganz kindlich zu eigen, dann werden Sie viel Segen erfahren und stiften. Denn ohne ganz innige Gemeinschaft mit Jesus ist unser Leben meist verfehlt und verloren.«

Ein alter Schulmeister besuchte den kranken Dekan und fragte ehrerbietig: »Wie geht's, Euer Hochwürden?« Die Antwort lautete: »Was Hochwürden! – Nichtswürden! So sagen Sie. Denn ich bin ein bloßer Sünder, tief herabgesetzt, und allein in der Gnade meines Heilandes frei und selig!« So fand Vater Hofacker noch am Schluß seines 65jährigen Lebens in das kindliche Vertrauen auf die Gnade Jesu Christi hinein, in dem sein Sohn Ludwig schon in jungen Jahren lebte und zu dem er Ungezählte einladen und ermutigen durfte.

Mutter Hofacker und der junge Albert Knapp

Doch nun müssen wir uns endlich der Mutter Hofacker zuwenden; denn von ihr wollen wir ja vornehmlich auf diesen Seiten reden. Von ihr weiß Albert Knapp in seiner Biographie auch viel mehr als vom Vater zu berichten, wenn sie ihn auch in der Anzahl der Lebensjahre nicht erreichte. Sie wurde 57 Jahre alt. Wir erhalten von Knapp keine durchgängige Biographie von ihrer Geburt bis zu ihrem Tode. Er läßt vielmehr eine Reihe von Begebenheiten aufleuchten und bringt die Verewigte in Auszügen aus ihren Briefen zu Gehör. Auf diese Weise wird aber ihr Wesen und Charakter und ihr gesegneter Einfluß auf andere Menschen, besonders auf ihren Sohn Ludwig, anschaulich lebendig. Manches zitieren wir wörtlich aus der Biographie.

Hören wir gleich den Anfang von Knapps Darstellung: »Ludwig Hofackers Mutter Friederike, Tochter eines höchst originellen Pfarrers Klemm, war ein denkwürdiges Beispiel einer altwürttembergischen Pfarrfrau und einer einfach genialen Mutter. Sie war ebenso geistvoll und grundverständig wie einfach und schlicht, reich an tiefem Gefühl, gegen jedermann gütig und gastfrei. Zugleich war sie mehr männlich und kräftiger durchgreifend als jene weiblichen Seelen, bei welchen sich das tiefere Gefühl oft mit Schwäche und Empfindsamkeit vermischt. Ich sagte mehrere Male im Scherz zu ihr, die sieben Söhne geboren hatte: ›Sie sind eben ein weiblicher Doktor Martin Luther und sehen nicht aus, als ob ein Mägdlein von Ihnen hätte herstammen können, sondern wie die Mutter der Makkabäer, welche auch sieben Söhne geboren hat.‹

So war es auch. Sie hatte viele geistige Züge von Luther. Sie war kernig, kindlich, witzig, voll gesunden, treffenden Urteils, mitunter derb, jedoch nie hart abfertigend, außer da, wo gespreizte Künstelei sich geltend zu machen versuchte. Dabei war sie wesensgut, treulich gesinnt und ihre Liebe mit einem Wort und zehn Taten verwirklichend, bis es ihr gefiel, endlich einmal aus der Verschlossenheit ihres mannhaften Auftretens ein herzliches Wort hervorzugeben. An ihrem Gatten und ihren Söhnen hing sie von Herzensgrund, aber ihr Gemüt redete zu ihnen wie eine keusche Nonne durchs Gitter, und nur in besonders entscheidenden Augenblicken brach ihr wahrhaft herrliches Gefühl gleich einer wallenden Stromflut hervor.

Von dieser edlen Frau habe ich am meisten Poesie, und zwar deren kräftigere Seiten gelernt, d. h. wie man ein geistliches Lied machen und nicht machen muß. Als ich ihr z. B. im Jahre 1822 meine ersten Missionslieder schüchtern brachte, sprach sie mit festem Tone: ›Wie da? Geben Sie ihre Sächlein her!‹ – Dann setzte sie die Brille auf ihre Adlernase, schüttelte das Haupt mit verdächtigen Gefühlen, rief mich näher herbei, entfaltete sofort das ganze Manuskript und las vor sich hin, mit dem Finger nachfahrend: ›Wie? Das ist nichts! Fort damit! – Auch nichts! – Konfekt! Konditorarbeit! Lumpenzeug! – So, nun das geht, das ist einfach und biblisch! – Aber schon wieder nichts! Närrischer Vikar, was machen Sie da für wässerige Arbeit! – Nun, da kommt wieder eine brauchbare Strophe‹ usw.

Diese Winke, die mir damals wie Spieße und Nägel durchs Herz gingen, begleitete Frau Friederike mit treffenden Bibelsprüchen nebst speziellen Anwendungen. Als ich dann zu Hause war, fand ich die liebreich-unerbittliche Hechel meiner ehrwürdigen Freundin ganz gerecht und zur Besserung geeignet. Sie hatte mit ihrem unverblümten Ton mir doch keine Blume des echten Gefühls geknickt, sondern nur die Auswüchse amputiert.«

Albert Knapp läßt dann in seiner Schilderung einige Auszüge

aus Briefen von Frau Pfarrer Hofacker an ihn folgen. Daraus geben wir einige Proben wieder:

»Am Tage des heiligen Apostels Jakobus (25. Juli) gratuliere ich Ihnen zu Ihrem gütigen Geburtstag und bedauere recht sehr, daß Sie nicht Jakob heißen, um mit diesem Patriarchen ausrufen zu können: ›Herr, ich warte auf dein Heil.‹ Versuchen Sie's aber eben doch – als Albert – und gebärden Sie sich desto alberner (fröhlicher) und kindlicher dabei! Ich wünsche, ich wünsche – – was? Daß Sie einhergehen in Geist und Kraft Elias des Thisbiters, und daß die Bitten erfüllt werden, die Sie gebeten haben, weil Sie beten nach Gottes Willen. Daß Sie wachsen und reifen fürs ewige Leben, welches Gott bereitet denen, die ihn lieben. Ich danke Ihnen auch für alle Liebe und Treue und für den Beistand in unserer Trübsal und all der Krankheitsnot. Ich wünsche Ihnen, daß Sie, wenn's notwendig ist, auf junge Löwen und Ottern treten, und wenn Sie etwas Tödliches trinken, daß es Ihnen nicht schade, sondern nütze – und daß Sie einst werden ein Pfeiler im Tempel Gottes und nicht mehr hinausgehen.«

Sind das nicht gute und originelle Segenwünsche zum Geburtstag eines jungen Theologen? Darin fällt auf, wie gut Mutter Hofacker mit der Heiligen Schrift vertraut ist. Überall finden sich biblische Wendungen und Anklänge an Bibelverse. Machen wir uns doch einmal die Mühe, diese im Alten und Neuen Testament genauer zu bestimmen!

Es gab noch eine besondere Sache, die Friederike Hofacker für ihren jungen Freund Albert Knapp auf dem Herzen hatte: seine Verehelichung. Hören wir, was sie und wie sie ihm in dieser wichtigen Sache zuredet, darin von ihrem Sohn Louis (Ludwig), Knapps nahem Herzensfreund, unterstützt:

»Sie müssen sich verehelichen und nicht so mutterseelenallein in Ihrem Hause kampieren, wo Sie entweder melancholisch oder schwärmerisch oder ganz langweilig werden. Ich habe Ihnen jemanden genannt, aber Sie schreiben, Ihr Herz sei noch viel zu unbekehrt, zu wenig in Gott befestigt, und daher wollen Sie noch in der Stille längere Zeit zuwarten. Daher lassen Sie auch die erhaltenen Winke spurlos an sich vorübergehen. – Nun aber schreit mir Louis, der sich seit sieben Tagen wieder einmal größtenteils im Bett aufhalten muß, von dort zu: Ihre Bekehrungsgedanken seien nichts; denn all diese Sachen gingen aus Ihrer eigenen Meinung und aus dem Eigenwillen hervor, der zu nichts führe. Es komme alles auf den Willen Gottes und auf seine Führung an, nicht auf unser Eigendünken. So hätten Sie schon vor vier Jahren gesprochen, und so sprächen Sie immer noch, er habe es nun lange genug alles gehört usw. – Ob Sie denn nicht begriffen, daß alles besser vonstatten gehe, wenn Sie in einer Umgebung leben, welche Ihr Glaubensfünklein anblase und Ihrem Leben nach innen und außen einen Halt gebe?

Wie dünkt Ihnen? Das etwa: Louis habe ziemliches Fieber? Es ist allerdings noch etwas da; aber es geht doch alles aus treuem Herzen, weshalb ich nichts vorenthalten möchte. Und nun möchte ich Ihnen gar gerne auch aus eigenem treuem Herzen raten, und ich weiß nichts Besseres, als daß Sie noch eine Postreise danrücken und den armen Louis in seiner Krankheitbesuchen. Dann knen Sie sehen, was Sie noch nicht recht gesehen haben und sprechen ehrlich, was Sie wollen und wie sich's Christen geziemt. – Sagen Sie, werden nicht auch Ihre verehrten Eltern tausendmal froh sein, wenn Sie in einem gesegneten, bewahrenden, geheiligten Ehebund leben? Was Feinheit des Taktes betrifft, so habe ich diese bei manchen Hochgeborenen mehr vermißt (denn die Liebe Gottes wohnt nicht in ihnen) als bei einer gewissen schweigsamen, edlen Gestalt, die ich Ihnen genannt habe. Nehmen Sie mit diesen Zeilen für dieses Mal vorlieb! Louis grüßt Sie herzlich, aber mir macht sein gereiztes Wesen bange. Die Hand des Herrn ist noch ausgereckt über uns. Er sitzt und schmelzt die Kinder Levi.«

Das besondere Verhältnis zu Ludwig

In dem zuletzt zitierten Brief ist eine von den vielen Krankheitszeiten erwähnt, die immer wieder über den jungen Ludwig Hofacker hereinbrachen und in denen die Mutter seine liebevolle, unermüdliche, teilnehmende Pflegerin und Betreuerin war. So sehr er – wie im Falle seines Freundes Albert Knapp – andere zum Heiraten ermunterte, für ihn selber kam dieser Weg wegen seines ständigen Kränkelns nicht in Frage. Er hatte die Mutter als die Gefährtin seines Lebens und seiner Leiden zur Seite. Über das einzigartige Verhältnis, das Mutter und Sohn verband, hat sich Knapp einmal wie folgt geäußert:

»Die langwierige Krankheit ihres Sohnes Ludwig wie die viel schwereren, nicht selten von dämonischen Kräften durchhauchten Leiden ihres Sohnes Max, der, ursprünglich voller Geistes- und Körperkraft, nun seit mehr als dreißig Jahren in trauriger Melancholie einsam dahin brütet (ja, Mutter Hofacker hatte zwei kranke Kinder!), führten sie stets tiefer in die Gemeinschaft mit dem lebendigen Gott hinein. Sie erzeugten in ihrer Seele eine Mischung von Tapferkeit und Geduld, ja eine Läuterung des Glaubens, wie man's nur selten findet. In diesen jahrelangen

Anfechtungen bildete sich zwischen ihr und ihrem Sohne Ludwig, der ihrer Seele, wie sie der seinigen, zur Unterstützung verordnet war, eine ganz eigentümliche Geistesgemeinschaft und eine stillschweigende Gebetsgemeinschaft, die hienieden schon gleich einer Granitsäule die Angriffe der Finsternis bestand und dereinst in der Ewigkeit als ein herrliches Heilsfundament der ganzen Familie sich offenbaren wird.

Mutter und Sohn zogen mit ruhigem Einverständnis am schweren Joch, das ihnen der Herr auferlegte. Sie ermutigten einander durch schweigsame Geduld und Aufopferung ohne Klage. Oft mag ihnen ein flüchtiger Blick des Auges, woraus noch die kaum abgewischte Gebetsträne schimmerte, größere Kraft gespendet haben als ein langwieriges, frommes Gespräch anderer, die nur sprechen, anstatt zu beten. Bei dem allen aber verlor die scharfblickende Mutter den Zügel der Beratung nicht. So sehr sie sich insgeheim an den herrlichen Predigten ihres Sohnes (der eine Zeitlang in Stuttgart Gehilfe des eigenen Vaters war) erbaute, so wenig ließ sie's ihn merken, sondern hielt ihn mit ungezierter Einfalt immerfort herunter, um den Sauerteig der Eigenliebe von ihm abzuwehren.

Eines Tages kam ich entzückt aus seiner Kirche zu ihr nach Hause und konnte mein Gefühl für das soeben gehörte gewaltige Zeugnis ihres Sohnes nicht verhehlen. Sie hörte meine Worte nachlässig an und sagte, in einem Buche lesend, als ob nichts geschehen wäre: ›Ja, der Teig ist dieses Mal außerordentlich aufgegangen.‹ – Noch mehr, sie nahm keinen Anstand, ihren Sohn selbst wacker zu demütigen, wo es ihr nötig schien. Vor einer Predigt bekannte er es ihr einmal – was er mir auch früher mit schwerem Gemütsdruck gesagt hatte –: ›Ach, Mutter, wenn die Männer da mit ihren Reisestäben wieder so hundertweise hereinwandern und nun bald das große Gewimmel angeht, dann regt sich in mir der heillose Hochmut, der mir einflüstert, ich sei ein besonderer Prediger! Was soll ich denn machen, um diesen Feind zu verbannen, der mich so hart verfolgt?‹

Die Mutter sah ihn kaum an und rief halb lachend, halb spottend: ›Schämst du dich nicht, du armseliger Mensch, den man jeden Tag wegen seiner Krankheit behandeln muß? Du willst mit deinem siechen, erbärmlichen Leibe noch hochmütig tun und deinem alten Adam Heu aufstecken, wo du froh sein solltest, wenn du nicht steckenbleibst? Geh, schäme dich ins Herz hinein!‹ Damit ›tröstete‹ sie ihn, und Hofacker bekannte mir nachher, er habe diese tüchtige Lauge als das beste Gegengift wider den Hochmut in seinem Gemüt empfunden.

Solcherlei Aufwallungen waren jedoch nicht das Gewöhnliche bei ihr, sondern ihr Geist bewegte sich am liebsten in einer gelassenen Stimmung, bei der die natürliche Heiterkeit und Kindlichkeit durch die ernste Besonnenheit hindurchblickte. Nur dieses unverwüstliche, frische Naturell im Bund mit der Gnade verlieh ihr die siegende Ausdauer unter den vielfachen Stürmen, womit Gott sie zu prüfen pflegte. Statt anderer Belege für ihren mit Christus gründlich einverstandenen Sinn stehe hier eins ihrer edelsten Vermächtnisse, nämlich ein Gebet, welches sie früh morgens am Begräbnistag ihres Gatten niederschrieb, ohne zu ahnen, daß es von ihren Söhnen würde gefunden werden. Es ist vom 30. Dezember 1824 und lautet also (in Auszügen):

›Dreieiniger Gott, Vater, Sohn und Heiliger Geist! Ich danke dir, daß du mich diese Stunde hast erleben lassen und mein lieber Mann mir nicht ins Grab sehen darf – diese Stunde, in welcher ich das teuerste Kleinod, das deine Barmherzigkeit mir anvertraute, dir auch in seinen irdischen Resten wieder übergeben darf, nach deiner Ordnung, nach welcher das Saatkorn erst in die Erde fallen und ersterben muß, ehe es wieder lebendig wird. Ich danke dir, daß ich dem Geiste, welchen du in dieses Saatkorn gelegt hattest, nachsehen durfte in die ewigen Hütten, welche du deinem Volk verheißen und selbst bereitet hast. Ich danke dir, Gott, Heiliger Geist des Vaters und des Sohnes, daß du diesen Geist wiedergeboren hast zu einer lebendigen Hoffnung durch die Auferstehung Jesu Christi. Ich danke dir, Herr Jesu, du treuer Heiland, daß du dieses Schaf deiner Herde einverleibt, es gesucht, gefunden und auf die Achseln genommen und an dein liebendes, für uns verwundetes Herz gedrückt hast, – daß du die Beute deiner Schmerzen nun dem Angesichte deines Vaters dargestellt hast, gewaschen und helle gemacht mit deinem teuren Blut.

Ich danke dir, daß du mich gewürdigst hast, eine so schöne und lange Zeit Begleiterin deines Dieners und Zeugen zu sein. Ich danke dir in Ewigkeit, daß du ihm den rettenden Glauben geschenkt und ihn in diesem Glauben hindurchgeführt hast durch des Todes dunkle Pforten, und daß du ihn an deinem Herzen für alle Erdennot erquickst, welche du ihm in diesem Lande der Versuchung, wo der Fürst dieser Welt noch nicht verdrängt ist, nicht ersparen konntest . . . Du hast mir mein erstes und höchstes Kleinod, das mir deine Hand anvertraute, nun wieder abgefordert. Ach, vergib mir, wenn ich manchmal vergaß, daß es dein ist und es wohl gar mit meinen Sünden beschmutzte. Deine Treue hat meine Untreue verschlungen. Du hast nicht abgelassen zu schmelzen und zu reinigen, bis dein Bild aus dem Verewigten glänzte und du es rein, in dir geheiligt durch dich, aus meinen unreinen Händen empfangen konntest. Laß mir das Andenken an diese deine Schmelztage nie aus der Seele schwinden, damit ich meine Seligkeit mit Furcht und Zittern schaffe und, was ich noch lebe im Fleisch, nun lebe im Glauben an dich, den Sohn Gottes, der uns geliebt und sich für unsere Sünden in den Tod gesenkt hat . . .

Ich danke dir auch für die Liebe, womit ich meinen seligen Gatten durch deine Gnade, bei all meiner Untreue und meinem bösen Herzensgrund lieben und ihm das Leben und Leiden ein wenig erleichtern konnte. Decke nur alles Sündige und Verkehrte mit deinem Erbarmen zu, und laß mich durch alle Erfahrungen deiner Güte und Treue, die wir auf unserem gemeinschaftlichen Lebensweg gemacht haben, innig in dich versenkt und in dir gegründet werden in Ewigkeit . . . Erhalte uns in seliger, dankbarer Gemeinschaft mit unserm lieben Vater und Gatten, und vereinige unsere Seelen in dir, damit wir eins seien in dir, gleichwie du eins bist mit dem Vater.

Ach, Herr! Ich fühle, daß ich Staub und Erde bin. Ich fühle es an diesem Tage, wo mein teuerstes Saatkorn der Erde übergeben wird, lebhafter als je. Laß uns, o Herr, nie vergessen, daß wir Staub und Erde sind. Auf dich, dreieiniger Gott, werfen wir unsere ganze Lebenslast; vollende uns nur unter ihr. Segne allen, die uns geliebt haben und noch lieben, ihre Liebe mit einem ewigen Segen, besonders auch ihre Liebe und Treue an unserm teuren Entschlafenen. Amen, Amen.‹«

Auf den Heimgang des Vaters folgten für die Mutter noch dreieinhalb Jahre, in denen sie meist mit der Pflege ihrer beiden leidenden Söhne beschäftigt war. Das Bild ihres Wesens in Glaube, Liebe und Hoffnung wurde immer lieblicher und anziehender. Die früher öfter bei ihr hervortretende Schroffheit und Zurückhaltung der Gefühle wich immer mehr einer milden Herzlichkeit. Daß Ludwig nicht der Nachfolger des Vaters in Stuttgart wurde, wie es viele erhofften, sondern nach Rielingshausen versetzt wurde, war ihr kein geringer Schmerz. Sie trug den Abschied von der ihr so lieben Stadt in stiller Ergebung. Es kam das Himmelfahrtsfest 1827. Sie nannte dieses Fest das Krönungsfest des Königs aller Könige und hatte es ganz besonders lieb. In kindlichem Glauben meinte sie: Wenn schon irdische Fürsten am Tage ihrer Thronbesteigung ihren Untertanen besondere Zeichen ihrer Huld und Gnade geben, dann wird der Herr aller Herren an dem Fest, das seiner Erhöhung auf den ewigen Thron im Himmel gedenkt, in besonderer Weise ein offenes Ohr und Herz für die Bitten der Seinen haben.

Am Morgen des besagten Tages verharrte Mutter Hofacker besonders lange im Gebet. Später ließ sie ihre Söhne Ludwig und Max zu sich in ihr Zimmer kommen und sagte zu ihnen: »Nun habe ich den Heiland für euch und mich gebeten, daß sein heiliger Geist in Zeit und Ewigkeit bei uns bleibe, und ich bin seiner Erhörung gewiß.« Am Nachmittag rückte ganz plötzlich mitten in der Unterhaltung ein Schlaganfall die Getreue aus der Zeit in die Ewigkeit. Wir werden später über diesen Heimgang noch Näheres aus der Feder ihres Sohnes Ludwig hören.

»Der geniale Herder bekommt uns nicht!«

Zur weiteren Charakterisierung der kindlich frommen, ganz an die Heilige Schrift gebundenen Mutter Hofacker wollen wir jetzt wieder Albert Knapp das Wort geben und ihn eine Begebenheit aus den Anfängen von Ludwigs Krankheitszeit erzählen lassen. Dieser hatte sich während seines Studiums in Tübingen klar und gründlich zum Heiland Jesus Christus bekehrt. Es hatte einen großen Rumor gegeben, als unter den Studenten die Nachricht die Runde machte: »Der Bruder Lustig – so wurde der immer zu Scherz und Streichen aufgelegte Hofacker unter seinen Kommilitonen gern genannt – ist ein Pietist geworden!« Hofacker ging aber den neuen Weg fröhlich und unbekümmert durch.

Plötzlich brach das Unglück über ihn herein. Es war am 18. August 1820 mittags zwölf Uhr, an einem schwülen Sommertag. Er war auf dem Heimweg von einem Besuch bei seinem Bruder Karl, der zu jener Zeit Professor in Tübingen war. Sein Kopf war unbedeckt. Ein Sonnenstich traf ihn. Er stürzte auf der Straße ohnmächtig zu Boden und verletzte sich an der Kante eines Blitzableiters. Davon trug er eine tiefe Kopfwunde davon. Die starke Gehirnerschütterung äußerte sich in heftigen Krämpfen, doch stellte sich das Bewußtsein bald wieder ein. Als Folge dieses schweren Sturzes behielt Ludwig Hofacker bis zu seinem Tode ein gestörtes Nervensystem. Dazu gesellten sich im Lauf der Jahre bei ihm immer wieder neue Schwächen und Krankheiten, die sein Erdenleben auf nur dreißig Jahre begrenzten. Doch Christen wissen: Man stirbt nicht an einer Krankheit, sondern am Willen Gottes.

Während des ersten längeren Aufenthalts in der Krankenstube in Tübingen erschien öfter die Mutter. Wenn auch andere Besucher sich einstellten, geschah es wohl, daß Frau Pfarrer Hofacker freundlich und ehrwürdig zu Häupten ihres Sohnes Platz nahm. Sie pflegte ihren Ludwig treulich und hatte zugleich immer ein gutes, erquickliches Wort für die Besucher. Dieses kam aus ihrer Vertrautheit mit der Bibel und der Fülle ihrer Lebenserfahrungen, die auch mancherlei Leiden einschlossen. Es ging wohl selten jemand ohne Segen davon. Knapp bekennt, daß er selber seinem Jugendfreund damals geistlich noch recht ferne stand. Doch dann kam ein Tag, an dem er in seinem Herzen und Gewissen an Ludwigs Krankenbett mächtig getroffen und erschüttert wurde. Davon soll er uns nun – wie schon angekündigt – mit seinen eigenen Worten erzählen:

»Ich besuchte einige Wochen nach jenem Fall auch wieder einmal meinen mir stets teuer gebliebenen Freund, mit welchem ich jedoch beinahe zwei Jahre keinen Verkehr mehr gepflegt hatte. Es war also die alte Jugendliebe, die mich zu einem ganz umgewandelten Geiste hintrieb. Ludwig lag im Bett, einen Verband um sein Haupt, und obenan saß die wachsame Mutter. Nicht ohne einen inneren Kampf hatte ich diesen Besuch gewagt und hatte mich daher mit den vermeintlich besten, kräftigsten Waffen darauf gerüstet, nämlich mit jener prächtigen Darstellung des Dichters Jean Paul, worin er das Bild Herders in seiner ›Vorschule der Ästhetik‹ uns vor Augen stellt. Ich grüßte den alten Freund und sprach: ›Hier habe ich etwas Vorzügliches ausgesucht, um dich auf deinem Krankenbett zu erheitern.‹

So las ich ihm die ganze Lobrede auf Herder mit großer Begeisterung vor, in der Hoffnung, daß die genialen Geistesblitze von Jean Paul dieses edle, wiewohl pietistische Herz ganz gewiß ergreifen müßten. Allein wie groß war mein Erstaunen, als Hofacker mit liebevoll – umflortem Blick mich ansah und langsam sprach: ›Lieber Freund, das alles wäre ganz schön und erhaben, wenn Herder nur nicht ein armer Sünder gewesen wäre!‹ – ›Ach, Hofacker,‹ rief ich aus, ›wie magst du so kühl und prosaisch daherreden!‹

›Kommen Sie, Herr Magister‹, rief die Mutter begütigend dazwischen, ›lesen Sie uns jetzt einmal etwas anders vor. Wir sind kränkliche Leute, darum geben Sie meinem Sohn jetzt etwas, das uns besser bekommt als der geniale Herder!‹ – ›Was soll ich denn lesen?‹ fragte ich. – ›Nun denn‹, sagte die Mutter, ›lesen Sie uns etwas aus der Offenbarung des Johannes vor!‹ Mit dem tiefsten Widerwillen hörte ich dieses Wort an; denn ich wußte von dem genannten Buch bisher kaum etwas anderes, als daß ein Drache darin vorkomme, der ein unschuldiges Kind fressen wolle. So nahm ich dann die Bibel und las vom Anfang an und kam bald an die folgenden Worte: ›Gnade sei mit euch und Friede von dem, der da ist und der da war und der da kommt, und von den sieben Geistern, die da sind vor seinem Stuhl, und von Jesus Christus, welcher ist der treue Zeuge und der Erstgeborene von den Toten und der Fürst der Könige auf Erden, der uns geliebt hat und gewaschen von den Sünden mit seinem Blut.‹

Weiter vermochte ich nicht zu lesen. Mir war's, als drängen heilige Posaunenstimmen des Himmels an mein Ohr, und mein sich empörender Unglaube wollte schnell das Gefühl herunterschlucken, das einer Woge gleich meine Seele durchdrang. Ich vermochte es jedoch nicht, sondern die Tränen fielen mir aus den Augen, und ohne weitere Entschuldigung ging ich von dannen, getroffen vom Blitz der Majestät Jesu Christi, des Sohnes Gottes, aber auch erweicht von dem süßen Gefühl, daß es die unabweisbare Aufgabe von uns Menschen ist, jene göttliche Liebe zu lieben, die für die Sünder gestorben ist. – Hofacker rief mir noch sanft ein Lebewohl nach.«

Nun, die Stunde kam bald auch in Albert Knapps Leben, wo er sich der göttlichen Liebe ganz öffnete und hingab, von der ihn in der geschilderten Begebenheit ein Strahl getroffen hatte. Später hat er sie in seinen Versen besungen und vor die Augen gemalt – die Liebe des himmlischen Vaters, die in der Hingabe seines Sohnes an das Kreuz ihren höchsten und tiefsten Ausdruck findet. Erinnert sei nur an das bekannte Passionslied: »Eines wünsch ich mir vor allem andern«, in dem es u. a. heißt:

Eines wünsch ich mir vor allem andern,
eine Speise früh und spät;
selig läßt's im Tränental sich wandern,
wenn dies Eine mit uns geht;
unverrückt auf einen Mann zu schauen,
der mit blutgem Schweiß und Todesgrauen
auf sein Antlitz niedersank
und den Kelch des Vaters trank.

Ewig soll er mir vor Augen stehen,
wie er als ein stilles Lamm
dort so blutig und so bleich zu sehen,
hängend an das Kreuzes Stamm;
wie er dürstend rang um meine Seele,
daß sie ihm zu seinem Lohn nicht fehle,
und dann auch an mich gedacht,
als er rief: Es ist vollbracht!

Ich bin dein! sprich du darauf ein Amen!
Treuster Jesu, du bist mein!
Drücke deinen süßen Jesusnamen
brennend in mein Herz hinein! . . .

Briefwechsel mit den Söhnen Karl und Wilhelm

Friederike Hofacker hat sieben Kinder geboren, lauter Söhne wie wir schon wissen. Drei von ihnen starben frühzeitig. Bisher haben wir auf diesen Blättern von Ludwig und Max gehört, die beide krank waren – der eine am Leibe, der andere an Geist und Seele. Wieviel Anteilnahme, wieviel Liebe und Verständnis, wieviel praktische Hilfe hat das Herz, haben die Hände der Mutter an diese ihre kranken Söhne gewandt! Die andern beiden gesunden Kinder waren Karl, der Älteste, und Wilhelm. Karl war ein zu seiner Zeit in Württemberg bekannter und geschätzter Jurist. Wilhelm war wie Ludwig Theologe. Er hat sich eifrig um das geistliche Erbe und Vermächtnis seines frühvollendeten Bruders gekümmert und einen Band mit dessen Predigten herausgegeben, der viel Segen gestiftet und in aller Welt gelesen worden ist.

Auch für die Söhne Karl und Wilhelm war die mütterliche Liebe allezeit da. Sie hat ihren beruflichen und geistlichen Werdegang mit Interesse und fürbittender Treue verfolgt. Sie hat mit ihnen einen regen Briefwechsel gepflegt. Daraus wollen wir einige Auszüge bringen:

Aus Rielingshausen, wohin die Mutter ihrem Ludwig als seinem letzten irdischen Wirkungsort gefolgt war, schrieb sie einmal an Wilhelm: »Du hast ganz recht, wir sind ganz undankbar, wenn wir nicht täglich Gott danken für die Errettung aus vieler und tiefer Not. Es tut mir auch die größere Abgeschiedenheit von den zerstreuten Abwechslungen des gesellschaftlichen Lebens in Stuttgart für mein Inneres wohl und ist mir höchst nötig. Ich fühle die Trennung von dem lieben Vater mehr, und das durch seinen Tod zerrissene Band schlingt sich geistig alle Tage inniger und entschädigt mich für das in seinen letzten Lebensjahren eingetretene Gezerre in all seinen häuslichen Verhältnissen, das durch die schweren häuslichen und körperlichen Leiden entstand. – Zu Deiner Probepredigt wünsche ich Dir Glück. Der Herr bewahre Deine Seele vor dem Gelehrtenstolz!«

Karl war eine Reihe von Jahren Mitglied der württembergischen »Ständeversammlung« (einer Art Volksvertretung der damaligen Zeit). Dem Sohne schrieb die Mutter einmal: »Es tut mir manches Mal leid, daß der selige Vater die Freude nicht erlebt hat, wenigstens im Sohne seine alte Lust erfüllt zu sehen, d. h. in der Ständeversammlung zu sitzen. Wenn ich aber alles im Lichte der Wahrheit betrachte, so muß ich ihm mehr Glück dazu wünschen, daß er dieses Zeitvertreibes nicht mehr teilhaftig geworden ist, da er sich im Grunde zu sehr mit württembergischen Dingen befaßte.

Als wir in die Schweiz nach Graubünden reisten, trafen wir in St. Gallen und Chur in den Gasthöfen allerlei Glieder der damals stattfindenden Tagsatzung (Schweizerische Ständeversammlung) an. Sie gaben sich alles Ansehen von Wichtigkeit, sahen auch meistens sehr verschmitzt aus, wie reiche Kaufleute. Als man in St. Gallen eine Donnerglocke läutete, ging's in den Rat. Es stand alles voll Kutschen und Chaisen, aber wir sahen die Sache so gleichgültig und gering an, weil es uns nichts anging. So scheint's mir nun auch in der Seegasse und Kronprinzstraße (wo sich in Stuttgart die Landstände versammeln) und noch geringer, weil's eben nur so zum Schein ist – aber doch schwer Geld kostet!«

Was hat doch diese Friederike Hofacker für einen klaren Blick und ein nüchternes Urteil – hier auch hinsichtlich politischer Angelegenheiten! Es ist heute schwer, unter ganz andern Verhältnissen uns klar zu machen, was in einer Zeit, da Könige regierten und demokratische Mitverantwortung noch wenig entwickelt war, etwa die »Landstände« in Württemberg für eine Bedeutung hatten und für eine Rolle spielten. Mutter Hofacker schien von ihrer Wichtigkeit und Notwendigkeit nicht allzuviel zu halten. Aber Geld kostete die Sache, wie sie am Schluß des Briefes – offenbar mit etwas kritischem Bedauern – feststellt. Was nur nach außen glänzte, aber sonst ohne wesentlichen Inhalt war – das konnte ihr nicht sonderlich imponieren.

Nun ein Blick in einen Brief an beide Söhne – Karl und Wilhelm –, die einige Zeit zusammen in Tübingen wohnten. Er wurde am 12. Januar 1827 in Rielingshausen geschrieben: »Hier wird die Hirten- und Vatertreue Gottes jedem Auge einleuchtend. Unsere Führungen gehen etwas tiefer und dunkler für die natürlichen Sinne. Bei Louis wird zur Zeit an einem Finger getupft, gerüttelt, geschnitten; die Nachwirkung davon ist für den ganzen Körper schädlich geworden.

Alle diese Prozeduren haben ihn sehr angegriffen, und er sieht nun wieder aus wie vor der Kur in Bad Neustadt, fühlt auch allerlei Unterleibsschmerzen und kann sich dem kränkelnden Wesen auf keine Weise jetzt entschlagen. Wenn ich daran gedenke, wie ich nun den dritten Winter in der Presse bin, so muß ich mich nur über die große Treue Gottes wundern, welche nicht nachläßt, bis die alte Natur endlich aus ihren Behausungen verjagt ist und die dem Reiche Gottes hinderlichen Bollwerke preisgeben muß – ebenso, wie es dem seligen Vater ging! – Wenn mein einziger hiesiger Anlehnungspunkt, der Louis, wankend wird und ich mich mutig dagegen stellen muß, wo ich lieber untersinken möchte, dann geht mir das Wasser öfter bis an die Seele.«

Auch in einem andern Brief werden sehr offen und wahrhaftig die Nöte und Anfechtungen der Mutter nicht verschwiegen: »Hier herrscht strenge Kälte. Wäre es nicht Winter, dann wäre ich mit dem Louis längst nach Tübingen oder Stuttgart geflüchtet. Aber bei dem Wetter ist's eben Harrenszeit. Heute hat er trotz seiner Wunde am Finger, die langsam zu heilen scheint, gepredigt, weil der liebe Vetter, unser Vikar Fritz Klemm, am Freitag zu predigen hatte. Für die nächste Woche will ich dies aber möglichst verhindern und habe es dem Fritz schon gesagt.

Am Fritz sind wir froh, man hört ihn gerne. Somit hat Gott für die dringende Not gesorgt, und doch bin ich kleinmütiger als jemals in meinem Leben, wobei mich der Louis sehr dauert, der eine Aufheiterung viel nötiger hätte als die Angstseufzer seiner Umgebung . . . Das Herausgerissensein aus Stuttgart wurde mir in diesem Winter hindurch schrecklich fühlbar. In meinem Geist stellt sich mir aber eine solche Lage voll äußerer Entbehrung als notwendig dar, weil ich meinen Teil in dieser Welt sonst nie aufgeben lernen und zum freien und frohen Eingang in die andere Welt nicht tüchtig werden würde. Und darum danke ich Gott in leichteren Stunden für diese Vorbereitung, zu welcher auch meine körperliche Reizbarkeit gebraucht wird. Es fehlt mir auch nicht an Troststunden, aber jede Änderung, wo mir Louis' Umstände bedenklicher erscheinen, wirft mich schrecklich danieder und bringt mein Gemüt in eine krampfhafte Bewegung. Sobald ich aber der Hoffnung Raum gebe – was oft mehrere Tage nacheinander geschieht –, daß Louis aus diesem Zustande sich herausreißen und mich nach Gottes Willen überleben werde, so ist alles wieder ausgeglichen, und ich weiß von keinem unerträglichen Druck mehr. – Wir grüßen Euch herzlich, und ich bin Eure – Gott gebe es! – treue Mutter.«

Noch ein letzter Auszug aus einem Brief an Wilhelm: »Beunruhige Dich nicht so sehr, lieber Sohn! Ich fühle nämlich Deinen Briefen an, daß Du es tust. Der Herr wird das Licht nach der Finsternis wieder aufgehen lassen. Es war die Lage und die Gewalt des Satans über unsern Max noch nie so drückend wie in diesem Winter, und ich darf sagen, ich bin bei Tag und Nacht zu dem

Geschrei jener Blinden angetrieben: ›O Jesu, du Sohn Davids, erbarme dich über uns!‹ – Ich fühle auch, daß manche Finsternis auf mich zurückfällt und mir meinen Gang verdunkeln will. Aber das soll mich nicht müde machen, durch Gottes Gnade fortzuschreiten, bis es dem Herrn gefällt, sich unter uns zu offenbaren.«

Mit Sätzen Albert Knapps wollen wir den Einblick in Mutter Hofackers Briefwechsel mit ihren Söhnen abschließen: »In diesem stillen, demütigen Glaubensgeist, wie er aus solchen Briefen spricht, führte diese treffliche Mutter die Haushaltung ihres kranken, dem Tode entgegengehenden Sohnes Ludwig. Dieser wurde unter allerlei äußerem Elend, worunter der alte Mensch, unter Furcht und Hoffnung, alle Tage mehr verweste, von Tag zu Tag in seinem inneren Menschen erneuert, aus dessen Geistesmund die gewaltigen Lebensstimmen seiner Predigten hervorgingen. Man muß seine Mutter und später seinen Bruder Wilhelm, der das Amt in Rielingshausen für den älteren Bruder eine Zeitlang bis zu dessen Heimgang in großem Segen geführt hat, hinzunehmen, um es recht zu verstehen, wie Ludwig Hofacker, von betenden, gläubigen Seelen umgeben und unterstützt, als ein Hinsterbender sein Zeugenwerk hinauszuführen vermochte.«

Wir erinnern uns, daß in den vorhin zitierten Briefen von einem kranken Finger Ludwig Hofackers die Rede war, auf dessen Heilung die Mutter hoffte. Dieser Finger mußte aber schließlich amputiert werden, da es schien, als ob von dieser Krankheitsstelle aus der ganze Körper vergiftet würde. Hören wir Knapp:

»Die treue, teilnehmende Mutter, bei der alle Liebe zum Kind ihres Leibes hier erwachte und die auch in jener schmerzhaften Kur keine Gewißheit für die Genesung des Leidenden fand, wehrte sich lange Zeit gegen diesen bitteren Kelch. Und auch der Kranke selbst, der sich im geistlichen Sinne schon so manche Hand, so manchen Fuß abgehauen hatte, ließ darin die liebende Mutter nach ihrem natürlichen Lebensgefühl gerne gewähren, da dieselbe unter dem Jammer oft beinahe zusammensank und alles Erdenkliche aufbot, um ihrem Liebling diese Qual zu ersparen. Allein ihre Versuche blieben ohne Frucht, und so wurde denn der Finger am 24. Februar 1827 durch den in seiner Kunst ausgezeichneten königlichen Leibarzt Dr. von Ludwig glücklich abgelöst. Hofacker bestand die Operation mit männlicher Fassung, doch bekannte er nachher, daß ihm in dieser Feuerprobe auch kein Fünklein eigenen Ruhmes übriggeblieben sei. Eine langwierige Schwächung folgte auf diesen schmerzlichen Eingriff in sein innerstes Leben. Er schrieb darüber: ›Wäre mein Finger nicht abgeschnitten worden, so hätte ich wahrscheinlich kein Zeugnis von Jesu Christo mehr in dieser Welt abgelegt.‹«

Dem eben angeführten Satz schlossen sich als weitere Worte an: »Das gehört eben so in meinen Lauf. Es gehört zu meinem Ungehorsam, zu meiner Untreue gegen den Heiland, zu dem enormen Zulauf zu meinen Predigten, damit ich mich nicht überhebe. Dazu gehören diese Laugen.« Was ist das für eine in die Tiefe gehende Deutung des Leidens! Man wird an einen Liedvers erinnert, den man nur mit zitterndem Herzen sich zu eigen machen kann:

Heilges Winzermesser,
schneide tief hinein!
Bin noch nicht gereinigt,
wie ich sollte sein.

Die letzten Wochen

Im ausklingenden Winter und beginnenden Frühling des Jahres 1827 litt Mutter Hofacker unter einem Schleimfieber. (So wird die Krankheit in der Hofackerbiographie von Albert Knapp genannt.) Ihr Geist blieb dabei rege, und sie nahm noch eifrig Anteil an verschiedenen Angelegenheiten des Reiches Gottes. Niemand kam auf den Gedanken, daß ihr Heimgang nahe bevorstehen könnte. Köstlich ist, was sie einem jungen Theologen, der zu allerlei christlichen Spekulationen und Grübeleien neigte, damals sagte: »Heutzutage haben die Theologen nicht mehr dasselbe Gleis wie früher. Die Zeit, d. h. die Entwicklung des Reiches Gottes, eilt viel schneller. Ehemals durfte einer noch eher mehrere Jahre oder halbe und ganze Jahrzehnte hindurch gelehrte Umwege machen, und er konnte doch noch glücklich zum Ziel gelangen. Aber heutzutage käme man so daneben. Man muß sich jetzt kurz fassen und gleich auf die Hauptsache losgehen. ›Das Himmelreich leidet Gewalt, und nur die Gewalt anlegen, reißen es an sich.‹«

Wenn es ihr als Mutter auch schmerzlich war, so erkannte sie doch immer deutlicher, daß die Lebenstage ihres kränklichen Sohnes Ludwig begrenzt waren. Was andere vielleicht in Jahren und Jahrzehnten schafften und bauten, das mußte er in kurzer Frist vollenden. Wenn Mutter Hofacker schon ein Eilen in der Zeit ganz allgemein zu sehen vermeinte, so entdeckte sie dieses Eilen in besonderer Konzentration im Lebensgang und in der

Wirksamkeit ihres geliebten Sohnes. Die Art seiner Verkündigung war ausgesprochen evangelistisch, ein Ausmalen der Liebe Gottes in Christus und ein inständiges, herzbewegendes Werben für den Heiland. Eine solche Predigt kann man einer Gemeinde nicht durch viele Jahre und Jahrzehnte bieten. Es muß auch die biblische Lehre und Vertiefung zu ihrem Recht kommen. Ansätze dazu fehlten bei Hofacker nicht, aber das Herzstück seiner Predigt war der evangelistische Ruf. Daß das immer klarer hervortrat, war der scharfblickenden Mutter ein Zeichen dafür, daß Gott ihrem Louis keine lange und ruhige Wirksamkeit auf Erden zugedacht hatte. Er mußte eilen, um – wie er es selber gerne ausdrückte – »seinen Schrei zu tun«.

So sagte ihm die Mutter denn ganz offen kurz vor ihrem eigenen Ende: »Ich glaube nicht, daß du noch lange auf dieser Erde bist.« Originellerweise fügte sie aber noch die Mahnung hinzu: »Wenn du aber doch noch zum Heiraten kommen solltest, so nimm nur keine ›Maunzerin‹, sondern ein einfach-frommes Mädchen mit einem etwas männlichen Geist und Verstand. Nur ein solches paßt zu dem Hofackerschen Geschlecht.« Die Warnung, keine »Maunzerin« zu nehmen, bedeutet nach der Erklärung von Knapp: »Hüte dich vor einem weichlichen, weibischen, träg seufzenden, weinerlich frömmelnden, geistlich geschwätzigen Frauenzimmer. Es soll auch nicht ästhetisch verweichlicht und überbildet sein.«

Noch einige andere Äußerungen Mutter Hofackers sind aus der Zeit kurz vor ihrem Tode aufbewahrt. Als wieder einmal in Rielingshausen sich große Massen zur Kirche drängten, um Ludwig Hofacker zu hören, verabreichte sie ihrem Sohn das folgende »Pülverchen« gegen den Hochmut: »Louis! Es ist noch nicht aller Tage Abend, und du bist und wirst deiner Sache im Predigen auch noch nicht so gewiß. Wer weiß, ob du nicht einmal ganz steckenbleibst, ohne den Faden deines Sermons wieder anknüpfen zu können, und dann mit Schanden von der Kanzel herabsteigen mußt?!«

Einmal beobachtete die Mutter den besonders liebevollen und vertraulichen Ton, der zwischen Ludwig und einem befreundeten Besucher angeschlagen wurde. Da unterbrach sie deren Unterhaltung plötzlich: »Das ist ja lauter Liebe und Herrlichkeit! Aber wie? Würdet ihr wohl ebenso gute, von jeder Leidenschaft und von heimlichem Neid entfernte Freunde bleiben, wenn ihr als Prediger ganz nahe beieinander angestellt wäret? Was meinst du, Louis, wenn dann dein Freund einen größeren Beifall erntete? Ich glaube fast, das würde dir sauer eingehen!«

Ein anderes Mal gebrauchte sie eine noch deutlichere und

massivere Sprache. Ludwig war in tiefe, wehmütige Gedanken versunken über sein vermeintliches Zurückbleiben im Christentum. Die Mutter wollte wissen, worin denn dieses bestünde. Die Antwort lautete: »Ich habe an die großen Gottesmänner der vergangenen Zeiten, an Luther, Arndt, Spener, Francke u. a. gedacht. Im Vergleich mit ihnen bin ich doch nur ein schwacher, armseliger Mensch, und es liegt so wenig Kraft in meinem Leben, Wirken und Predigen. Ich möchte am liebsten all das Meinige gar nicht mehr ansehen und bloß noch die Produkte jener Glaubenshelden der Welt vorlegen.« Da war die Mutter aber schnell mit ihrer Antwort fertig: »Weißt du, woher deine Wehmut kommt? Von deinem verfluchten Hochmut stammt sie her! Der Pfarrer Hofacker ist verdrießlich darüber, daß er sein liebes Ich nicht in dem großen Bild eines Luther, Arndt und Francke bespiegeln darf!«

Ludwig war durch solche ungeschminkten Worte der Mutter sehr betroffen und schockiert. Er sah aber ein, daß sie nicht ganz unrecht hatte. Jedenfalls wich der Trübsinn von ihm, und er empfahl die ihm zuteil gewordene gesalzene Zurechtweisung mit heiterer Miene auch andern zur Kur.

Nicht nur im Blick auf das geistliche Leben ihrer Kinder konnte Friederike Hofacker solch strenge Maßstäbe anlegen. Sie tat es auch hinsichtlich ihrer eigenen Person und ihres eigenen Glaubensstandes. Manchmal äußerte sie, es habe sich in ihr Christentum soviel Natur, soviel »Fleisch« hineingemischt. Sie wisse gar nicht mehr, wie sie mit der Gnade dran sei. Am meisten meinte sie sich über ihren Stolz demütigen müssen, wie sie ja auch ihren berühmten Sohn Ludwig vom Stolz bedroht sah. Dieser wurde, wie er das in der letzten Lebenszeit des verstorbenen Vaters diesem gegenüber gewesen war, auch immer mehr ihr Seelsorger und Beichtvater. Außerdem war sie sehr auf Trost und Zuspruch von alten, erfahrenen Christen aus der Umgegend begierig.

Es wurde der Mutter geschenkt, daß sie über alles, dessen sie sich an Verschulden und Versäumen anklagte, gründlich Buße tat. Die Zweifel über die Gewißheit ihrer Sündenvergebung schmolzen dahin, sie konnte sich wieder ihrer Kindschaft bei Gott freuen. Ja, ihr Glaube wurde kindlicher und vertrauensvoller als zuvor. Eine große Hilfe war es ihr dabei, daß ihr geliebter Louis ihr mehrere Male das heilige Abendmahl reichte, ihr auch die Hände auflegte und den Segen und das Nahesein Gottes auf sie herabflehte.

Auch körperlich schien es ihr langsam besser zu gehen. Ein nahestehender Freund, der Ludwig Hofacker besucht hatte, nahm am Morgen des Himmelfahrtstages 1827 Abschied. Er wünschte der Mutter einen guten Fortgang ihrer Genesung. Sie verwickelte ihn noch in ein Gespräch über die Heilsgewißheit, in dem sie biblisch klar und überzeugend darlegte, wie man in diesem irdischen Leben zu einer gewissen Hoffnung des ewigen Lebens gelangen könne.

Anschließend schrieb sie einen Brief an die beiden Söhne Karl und Wilhelm in Tübingen. Wer konnte ahnen, daß es ihr letzter war? Hier ist der Inhalt: »Ich grüße Euch an diesem Tage, welchen mich Gott zu meinem großen Dank noch in dieser Welt feiern läßt, und erbitte für mich und die Meinigen die Gabe des Heiligen Geistes für Zeit und Ewigkeit. Lieber Wilhelm! Du beschäftigst meine Seele wachend und träumend viel. Ich sehe Dich immer wie einen Büßenden, der sich bald mit dieser, bald mit jener Strafe belegt für mangelnden Fleiß, und daß Du nicht alles leistest, was Du in gelehrter Hinsicht solltest. Dieses sind Phantasien. Aber daß Du dem Abgott ›Gelehrsamkeit‹ zu viel zu huldigen in Gefahr bist, bin ich überzeugt, und es ist mir ein Anliegen, daß doch die Weisheit von oben über Dich kommen und die Blendwerke der Vielwisserei von Dir nehmen möchte, weil ich Deine leibliche und geistliche Gesundheit in Gefahr sehe. Der Herr wolle sich unter uns offenbaren! – Ich grüße Euch herzlich. Eure – Gott gebe! – treue Mutter.«

Was war also die letzte, betende Sorge, die Mutter Hofacker im Blick auf ihre Kinder erfüllte? Daß Gott ihnen die Gabe seines Heiligen Geistes vermehrt geben möchte, damit sie nicht im bloßen Menschengeist und in der vergehenden Weisheit dieser Welt steckenbleiben müßten. Erinnern wir uns, daß wir an früherer Stelle schon festgestellt haben, wie besonders lieb Friederike Hofacker das Himmelfahrtsfest war. Den erhöhten Christus den »Mann an Gottes Rechten« ging sie glaubensgewiß mit ihren Gebeten an, so auch an diesem Tag, der der letzte ihres irdischen Lebens wurde.

Nachmittags stand sie von ihrem Lager auf und fühlte sich ausnehmend wohl. Sie wollte sogar in den Garten gehen, was ihr Ludwig aber ausredete. Plötzlich klagte sie über Übelkeit und Krampf, kehrte ins Bett zurück und befahl, man solle sie frottieren, was Ludwig und eine Magd besorgten. Auf einmal befühlte die letztere die Füße und rief: »Ach, Herr Pfarrer, sie ist ja ganz kalt!« Noch hoffte man, es handele sich um eine Ohnmacht, aber siehe da, die Mutter war aus der Zeit in die Ewigkeit gegangen. Am Freudenfest der Himmelfahrt, dem für sie liebsten Tag des ganzen Jahres, war sie versammelt worden zur »oberen Schar«, die um den Thron des verherrlichten Lammes Gottes ist und es lobt und ihm dient ohne Ende. Vom 22. Oktober 1770 bis zum 24. Mai 1827 hatte ihr Pilgerweg gedauert. Ihr Sohn Ludwig überlebte sie um eineinhalb Jahre und verschied am 18. November 1828.

Von ihm wollen wir abschließend einige Zeilen hören, die er nach dem Heimgang der Mutter geschrieben hat: »So habe ich nun zwei nicht unbedeutende Geister in der Ewigkeit. Meine Mutter ist offenbar kein gewöhnlicher Geist gewesen, schon von Natur, in ihrer letzten Zeit aber sonderlich noch mehr durch die Zucht des Geistes. Ich freue mich, bis ich sie wiedersehen, sie umarmen kann. Sie hat sich besonders meiner mit unbeschreiblicher Liebe angenommen und mich mehr als mütterlich versorgt.

Meine Tante bleibt bei mir. So wenig sie den lebendigen Geist meiner Mutter hat, so hat sie doch viel guten Willen, und es ist eine Zucht des Heiligen Geistes in ihr. Mein armer Bruder Max bleibt bei mir nebst seinem Hüter. Dies ist mein tägliches Kreuz. Ich will aber, so viel an mir ist, Treue an ihm beweisen, was mir Gott schenken wolle. Nunmehr muß ich mich im Haushalten üben. Mit meinem lieben Vikar, den ich notwendig brauche, und mit mir selbst habe ich vier Männer am Tisch, die nicht wie Tagelöhner gefüttert sein wollen. Die Pension meiner seligen Mutter ist weggefallen und, was das Schlimmste ist, das Auge fehlt und die Hand, die auch da noch einzuteilen und zu verwenden wußten, wo ein anderer nichts mehr zum Verwenden sah. Doch der Herr wird's versehen . . .

Ich selber bin nun allein, doch Gott hilft von einem Tage zum andern. Ich habe die Unverschämtheit gehabt, den Heiland zum Hausvater zu wählen, und es scheint, er habe sich's gefallen lassen. Namentlich habe ich ihm die Umstände mit dem kranken Max übergeben, und so geht ein Tag um den andern hin, ich muß sagen leichter, als ich's hätte ahnen können. Mit meiner Gesundheit wird's auch etwas besser, doch verbietet mir der Arzt das Predigen; denn ich bin viel weiter zurückgewesen, als ich gewußt habe. Hinauf geht es immerfort schwerer als hinunter. Geduld ist not . . .

Meine Mutter ist gestorben, und ich muß nunmehr der Hausvater sein. Vorher war ich das nicht, sondern meine selige Mutter war's. Gott hilft mir aber. Es ist etwas Köstliches und wird nicht eher gelernt, als bis man muß, wenn man alle Dinge, auch die geringsten, mit dem Heiland abmachen lernt. Das allein gibt unsern Tritten Gewißheit. Ich kann es noch nicht, aber ich bin dabei, es zu lernen.«

Helene Christaller

Als Mutter ein Kind war

Edition C, Nr. E 8, 244 Seiten

Gewiß sind wenig Bücher so wahrhaftig erzählt und so tief gefühlt wie die vorliegenden Erinnerungen der beliebten Erzählerin an ihre Lieblingstochter Gertrud, die sie zuerst deren Kindern erzählte, als diese mehr oder weniger krank zu Bette lagen und von der sie betreuenden Großmutter verlangten, sie solle ihnen von der jung verstorbenen Mutter erzählen.

Das Buch, das bereits viele Auflagen erlebt hat, hat auch heute nichts von seinem Reiz und seiner Ausstrahlung verloren, denn der Leser spürt: bei Helene Christaller sind Leben und Werk eins gewesen.

Verlag der Francke-Buchhandlung
Marburg/Lahn